FESTIVAL DE FEU
Séries no. 5

# LES FONDEMENTS D'UNE FAMILLE BÉNIE

10 principes dont vous avez besoin

Godson T. Nembo

# LES FONDEMENTS D'UNE FAMILLE BÉNIE :

## 10 principes dont vous avez besoin

Copyright @ Septembre 2025
Godson T. Nembo

Tous droits réservés.
**ISBN :** 978-1-63603-329-7

Publié au Cameroun par
**Christian Restoration Network (CRN) Publications**
PB 31339 Yaoundé – Cameroun

IEM PRESS a le plaisir de présenter cet ouvrage ainsi que son auteur. Les opinions exprimées dans cet ouvrage sont celles de l'auteur. IEM Press offre notre label d'impression, synonyme d'excellence de conception, de contenus créatifs et de production de haute qualité. Pour en savoir plus au sujet d'IEM Press, visitez notre site
www.iempublishing.com

Aucune portion de la présente publication ne doit être reproduite, ni stockée dans un système d'extraction ni transmise, par quelque procédé que ce soit (électronique, mécanique, photocopie, enregistrement ou tout autre procédé), sans le consentement préalable du détenteur des droits d'auteur, sauf dans les cas prévus par la législation américaine en matière de droits d'auteur.

*Sauf indication contraire, toutes les citations bibliques sont extraites de la Sainte Bible, Louis Segond.*

**Pour plus d'informations, consultez :**
www.christianrestorationnetwork.org
www.facebook.com/godsontnembo
Émail : contact@christianrestorationnetwork.org

**Ou écrire à :**
Tangumonkem Godson Nembo
BP 31339 Biyem-Assi Yaounde – Cameroun
Tél. : (237) 652.382.693 or 696.565.864

**Boutique Tempête de prière en ligne :**
Avec MTN ou Orange Mobile Money *(pout les résidents au Cameroun)* et le portefeuille électronique *(pout ceux résidant à l'étranger)*, vous pouvez facilement obtenir la version électronique de ce livre et d'autres parutions du RCR via **www.amazon.fr** au
**https://shorturl.at/pqxyT** ou
**www.christianrestorationnetwork.org/our-bookstore**.
**https://goo.gl/ktf3rT**
Contactez (237) 679.465.717 ou
prayerstorm@christianrestorationnetwork.org

**Traduction :** Eagle Translators : (237) 674647131/ 696067989
**Conception couverture :** Tangu Monkem (237) 671.331.222
**Mise en pages :** IEM Press (237) 672.827.784

LES FONDEMENTS D'UNE FAMILLE BÉNIE :
*10 principes dont vous avez besoin*

# Comment utiliser ce livre

Lisez attentivement ces instructions avant de commencer à prier avec ce livre.

1. *Lisez d'abord le message du jour* ainsi que tous les passages bibliques avant de commencer à prier.
2. *Utilisez les sujets de prière proposés à la fin de chaque chapitre comme guide*, mais dépendez du Saint-Esprit pour en recevoir davantage.
3. *Faites toutes vos prières à voix haute et non dans votre cœur.* Prenez toutefois soin de ne déranger personne.
4. *Prenez le temps de prier chaque sujet jusqu'au bout* avant de passer au suivant.
5. *Dans la mesure du possible, priez toujours en langues* lorsque vous utilisez ce livre.
6. *Faites des pauses et écoutez Dieu* en priant, car il a beaucoup de choses à vous révéler.
7. *Si vous suivez le programme de 30 jours, lisez et priez avec chaque chapitre pendant 3 jours*. Répartissez les sujets de prière comme vous le souhaitez.
8. *Notez vos sujets de prière particuliers* pour les présenter pendant le jeûne.
9. *Selon la conduite du Saint-Esprit, vous pouvez aussi choisir certains thèmes* de ce livre pour entreprendre un jeûne de 1 jour, 3 jours, 7 jours, 21 jours, ou même 40 jours.
10. *Les pasteurs, responsables de cellules de prière, chefs de ministères, etc., peuvent se servir de ce livre* pour conduire leurs Églises ou leurs groupes dans une saison de jeûne et de prière.
11. *Même sans jeûner, vous pouvez prier avec ce livre* si votre état de santé ne vous permet pas de jeûner pour le moment.

LES FONDEMENTS D'UNE FAMILLE BÉNIE :
*10 principes dont vous avez besoin*

# Sommaire

Comment utiliser ce livre ................................................................. v

Introduction ..................................................................................... 9

Rapport du sondage – « Une famille bénie » ............................... 13

Chapitre 1 : **Une alliance avec Dieu** ........................................ 17
Jours 1-3

Chapitre 2 : **L'autel et la parole** .............................................. 37
Jours 4-6

Chapitre 3 : **L'obéissance à l'instruction Divine** ..................... 57
Jours 7-9

Chapitre 4 : **Elever des enfants pieux** ..................................... 77
Jours 10-12

Chapitre 5 : **Intégrité financière et travail acharné** ................ 99
Jours 13-15

Chapitre 6 : **Briser les mauvaises fondations** ....................... 121
Jours 16-18

Chapitre 7 : **Cultiver la persévérance** ................................... 141
Jours 19-21

Chapitre 8 : **L'Amour sacrificiel** ............................................ 159
Jours 22-24

Chapitre 9 : **La bénédiction parentale** .................................. 177
Jours 25-27 ................................................................................. 177

Chapitre 10 : **Un héritage durable** ........................................ 196
Jours 28-30

Conclusion ................................................................................. 214

Notes de fin ............................................................................... 216

Publications par le Réseau Chrétien de Restauration ............... 217

LES FONDEMENTS D'UNE FAMILLE BÉNIE :
*10 principes dont vous avez besoin*

# Introduction

*« Quand les fondements sont renversés, Le juste, que ferait-il ? »*
*(Psaume 11:3).*

Après plus de vingt-neuf ans de ministère pastoral, j'ai vu trop de familles souffrir inutilement. Elles aiment Dieu, elles prient et jeûnent, et pourtant elles restent emprisonnées dans des cycles de conflits, de pauvreté et de captivité spirituelle. Pourquoi ? Parce que, si beaucoup recherchent la délivrance, bien peu savent comment poser des fondations durables et selon Dieu.

J'ai également été témoin de l'effet dévastateur de faux enseignements qui maintiennent les familles dans la servitude spirituelle. Par exemple, des enseignements tels que :

- « Brise la malédiction, et tout ira bien. »
- « Sème seulement une semence, et ta famille prospérera. »
- « Seul l'homme de Dieu peut libérer ta famille. »

Ces doctrines laissent souvent les croyants dépendants et impuissants. Pourtant l'Écriture déclare : **« Mon peuple est détruit, parce qu'il lui manque la connaissance » (Osée 4:6).**

Bien-aimés dans le Seigneur, la délivrance n'est pas une fin en soi mais le point de départ d'un cheminement. La véritable transformation commence lorsque vous bâtissez.

Alors, qu'est-ce que la « bénédiction » ? Ce n'est pas seulement la richesse ou le confort. C'est la présence tangible de la faveur de Dieu : la paix, la provision, la réalisation de sa destinée, et la transmission aux générations futures. Le mot hébreu *Barak* signifie « rendre capable, enrichir et multiplier ». Le mot grec *Eulogeo* signifie « recevoir des éloges, être favorisé et être rendu prospère ».

Qu'est-ce qu'une « famille bénie » ? C'est une famille a qui Dieu a donné la capacité de réussir, de prospérer et d'accomplir ses desseins, tant sur les plans spirituel, relationnel, émotionnel que matériel. Une famille bénie présente sept caractéristiques : la présence de Dieu, la fécondité, la provision, la protection, l'impact générationnel, l'unité et la pertinence dans le royaume.

Cependant, beaucoup de familles sont bâties sur des fondations brisées ou démoniaques – autels ancestraux, liens occultes, perversion sexuelle, malédictions de lignée, etc. D'autres échouent à cause de l'ignorance, de la rébellion ou de priorités mal placées. Une maison ne peut pas tenir si sa fondation est fissurée ou compromise. Mais voici la bonne nouvelle : quel que soit votre passé, vous pouvez poser un nouveau fondement en Christ.

Dans ce livre, je vais vous guider à travers les dix fondements essentiels que chaque famille doit bâtir intentionnellement pour expérimenter la bénédiction de Dieu. Chaque chapitre présentera le plan divin tel qu'il est décrit dans la Bible, ainsi que des exemples réels de familles qui ont prospéré en obéissant à ces principes, et d'autres qui se sont effondrées en les ignorant. Vous trouverez également des instructions, des sujets de prière et des déclarations prophétiques pour vous aider à vous aligner sur la volonté de Dieu et à intercéder en faveur de votre foyer. Ce livre n'est pas seulement destiné à être lu ; c'est un manuel de transformation familiale.

Peut-être que votre histoire familiale est marquée par la douleur, la pauvreté ou la confusion. Peut-être que vos parents ou vos grands-parents ne connaissaient pas la vérité. Mais maintenant, vous la connaissez. Vous ne pouvez pas continuer comme eux. Vous devez devenir l'agent du changement. Vous n'êtes pas simplement en train de lire un livre, vous entrez dans un mandat divin. La guérison de votre famille commence avec vous.

Ce livre a été rédigé dans la prière pour marquer le 25ᵉ anniversaire du jeûne annuel de 30 jours organisé par le Réseau chrétien de restauration (RCR), sous le thème prophétique : « *O Dieu, bénis ma famille !* » Ce jeûne est devenu une saison de restauration profonde pour des individus et des foyers dans plusieurs nations. En lisant ce livre durant le jeûne, ou dans votre parcours spirituel personnel, attendez-vous à rencontrer la puissance de Dieu. Attendez-vous à voir des chaînes brisées, des mariages restaurés, des enfants prodigues revenir, et des autels maléfiques de longue date s'écrouler.

Lisez, priez, jeûnez, et bâtissez !
*« **En toi, toutes les familles de la terre seront bénies** » (Genèse 12:3).*

*Pasteur Godson T. Nembo*
*Yaoundé, le 17 août 2025*

LES FONDEMENTS D'UNE FAMILLE BÉNIE :
*10 principes dont vous avez besoin*

# Rapport du sondage – « Une famille bénie »

Ce rapport résume les principaux enseignements tirés des réponses de 76 personnes à une enquête portant sur la signification d'une « famille bénie ».

*Question 1 : Qu'est-ce qu'une famille bénie ?*
Les répondants ont affirmé avec force qu'*une famille bénie est une famille centrée sur Dieu*.
Une telle famille vit selon les valeurs bibliques, prie ensemble et place Jésus-Christ au centre de sa vie. Être « béni » ne se définit pas par la richesse matérielle, mais par l'alignement spirituel et la paix intérieure.
Une famille bénie se caractérise par le fait qu'elle est centrée sur Dieu, l'amour et l'unité, et qu'elle connaît la prospérité dans toutes les domaines de la vie, la protection et la faveur divines, ainsi que la transmission de bénédictions générationnelles.
*Voici quelques-unes des définitions fournies par les participants :*
- « Une famille qui vit dans la crainte de Dieu et médite sa Parole. »
- « Un foyer qui reflète le caractère de Christ au quotidien. »
- « Un environnement paisible, joyeux et humble, enraciné dans l'amour. »

*Question 2 : Votre famille est-elle bénie ?*
Résultats :
- Oui – 82 %
- Non – 16 %
- Partiellement – 2 %

La majorité reconnaît que leur famille est bénie, tout en soulignant qu'il reste des défis et une croissance spirituelle en cours.

*Question 3 : Qu'est-ce qui contribue à une famille bénie ?*
Les répondants ont attribué leurs bénédictions à des pratiques spirituelles et non aux circonstances.
*Facteurs essentiels :*
- *La foi en Dieu* : une relation forte avec Jésus.

- *La prière et les Écritures* : la prière familiale régulière et la méditation de la Parole.
- *L'influence parentale* : le rôle des parents qui prient, particulièrement des mères, dans l'établissement de fondements spirituels solides.
- *L'obéissance* : l'attachement aux valeurs bibliques et la soumission à la volonté de Dieu.

### Question 4 : Qu'est-ce qui empêche une famille d'être bénie ?

Ceux qui ont répondu « Non » ont mentionné des problèmes spirituels et relationnels.

Les obstacles incluent :
- *Des racines spirituelles négatives* : idolâtrie, sorcellerie, malédictions générationnelles.
- *La division* : conflits, désunion et absence de foi partagée.
- *Le péché personnel* : orgueil, immoralité et manque de pardon.
- *L'absence de leadership spirituel* : des parents absents ou spirituellement passifs.

### Question 5 : Admirez-vous une famille dans votre communauté ?

- Oui – 82 %

Ces familles sont admirées parce qu'elles servent Dieu ensemble, qu'elles maintiennent l'unité et vivent dans la paix et l'ordre divin.

### Question 6 : Comment une famille peut-elle devenir bénie ?

Les participants ont partagé une feuille de route biblique claire :
- Faire de Jésus le fondement
- Obéir à la Parole de Dieu (Josué 1:8)
- Bâtir une vie de prière solide
- Remplir les rôles bibliques dans le foyer
- Élever les enfants dans le Seigneur
- Vivre dans l'amour, l'humilité et le pardon
- Évangéliser et prier pour les membres de la famille (Actes 16:31)

### *La nécessité de ce livre :*

Avant d'écrire ce livre, j'ai ressenti le besoin de m'arrêter et d'écouter. Je ne voulais pas simplement présenter mes propres idées. Je voulais comprendre le cœur des familles d'aujourd'hui. J'ai donc mené une enquête, en posant des questions directes et honnêtes sur ce que les gens désirent le plus dans une famille et sur ce qui, selon eux, la rend véritablement « bénie ».

La réponse a été à la fois bouleversante et révélatrice. Plus de 75 personnes d'horizons divers ont ouvert leurs cœurs. Une vérité constante est apparue : « Une famille bénie ne se définit pas par la richesse, le confort ou une vie sans soucis. C'est plutôt une famille profondément enracinée en Jésus-Christ, une famille qui craint Dieu et vit dans l'amour, la paix et l'unité. »

Pourtant, beaucoup ont admis se sentir empêchés de vivre cette réalité. Ils ont évoqué les schémas générationnels, les luttes spirituelles, les divisions et le manque de conseils pratiques. La vision était claire, mais le chemin semblait caché.

Ce livre est une réponse directe à ce désir. L'enquête a confirmé que si la plupart des familles savent ce qu'elles désirent, beaucoup peinent à le cultiver au quotidien. Les dix principes fondamentaux que vous découvrirez ici ne sont pas des théories, mais des clés bibliques pratiques conçues pour combler le fossé entre votre famille et celle que Dieu veut que vous construisiez.

LES FONDEMENTS D'UNE FAMILLE BÉNIE :
*10 principes dont vous avez besoin*

Chapitre 1
Jours 1-3

# Une alliance avec Dieu

*« Je ne violerai point mon alliance et je ne changerai pas ce qui est sorti de mes lèvres » (Psaumes 89 : 35).*

Briser les alliances maléfiques ne suffit pas pour vous donner accès aux bénédictions rédemptrices de Dieu. Le combat spirituel pour vous libérer des alliances sataniques est en effet la première étape du processus. Vous devez ensuite passer à la deuxième étape : établir une alliance avec Dieu. Vous devez développer une mentalité d'alliance. Vous devez aussi travailler pour emmener les membres de votre famille à embrasser l'alliance de Dieu afin de libérer votre famille des tourments causés par ces alliances maléfiques. Toute famille qui jouit des bénédictions de Dieu entretient une relation d'alliance avec le Dieu vivant.

Je tiens à souligner ici qu'il ne suffit pas de simplement réclamer les promesses bibliques ; vous devez vous engager à satisfaire les exigences requises pour que chaque promesse se manifeste dans votre vie et votre famille. Saviez-vous que chaque promesse dans la Bible a des conditions qui y sont attachées ? Vérifiez-les ! Réclamer des promesses et refuser de satisfaire les exigences revient à s'attendre à ce que de l'eau coule dans votre verre alors que vous n'avez pas ouvert le robinet. L'alliance signifie croire, déclarer et mettre en pratique la parole de Dieu.

**L'histoire de Lott Carey**

Lott Carey était le premier missionnaire américain en Afrique et un véritable pionnier de la foi. Né dans l'esclavage, il a surmonté ses circonstances grâce à une mentalité d'alliance.

En 1804, à l'âge de 24 ans, Carey entendit l'Évangile dans une église baptiste et donna sa vie à Christ. Bien qu'il fût illettré, sa détermination l'a conduit à apprendre à lire et à étudier la Bible. Sa prédication a rapidement eu un profond impact sur les auditoires de Noirs et de Blancs, et il a ressenti un appel puissant à porter l'Évangile en Afrique.

Étant encore esclave, Carey fonda la Société missionnaire africaine pour mettre en œuvre cette vision. Avant 1813, il avait économisé suffisamment pour acheter sa liberté ainsi que celle de ses deux enfants, démontrant ainsi à la fois sa dévotion envers sa famille et sa foi en un avenir meilleur.

Plus tard, il conduisit sa première équipe missionnaire baptiste en Afrique, et établit une colonie au Liberia. Il fonda une église baptiste à Monrovia et joua un rôle important dans le développement spirituel et social de la communauté. Carey était connu non seulement pour sa prédication, mais également pour son travail dans l'éducation et les soins de santé.

Il mourut à 48 ans, mais laissa un héritage puissant de foi, de leadership et de service. La vie de Lott Carey prouve que la foi inébranlable et la consécration peuvent permettre à une personne, même issue de l'esclavage, de participer à l'œuvre missionnaire. Il est le modèle d'un homme dont la marche d'alliance avec Dieu a apporté une bénédiction phénoménale à sa famille et à sa génération.

### Qu'est-ce qu'une alliance ?

Le mot « alliance » dérive du latin « Con venire », qui signifie « s'unir » ou « se mettre ensemble ». Ceci présuppose que deux ou plusieurs parties s'associent pour conclure un contrat, et s'accordent sur les promesses, les stipulations, les privilèges et les responsabilités. Dans le contexte politique, cela peut se traduire par un traité. Dans le domaine des affaires, c'est un contrat.[1] Le mariage est également une alliance.

Une personne en alliance avec Dieu est un croyant qui a établi une relation profonde et inébranlable avec lui en plaçant sa foi dans l'œuvre accomplie par Jésus sur la croix. Cette personne comprend le concept de se soumettre entièrement à Jésus et de le suivre de tout son cœur. Elle a également fait un choix clair de vivre avec la mentalité du royaume, en donnant la première place au plan et aux voies de Dieu dans tous les domaines de sa vie. C'est de cette mentalité que vous avez besoin pour élever une famille bénie. C'est une mentalité d'alliance.

## Vous avez besoin d'une mentalité d'alliance

Il faut une mentalité d'alliance pour marcher avec Dieu et jouir de ses bénédictions. Vous en avez besoin pour influencer votre famille non croyante et l'amener à abandonner ses idoles et ses voies pécheresses pour devenir disciple de Jésus-Christ.

Qu'est-ce qu'une mentalité d'alliance ?

### 1. C'est une mentalité de « Dieu seul »

Une mentalité de « Dieu seul » signifie placer toute sa confiance en Dieu avant toute autre chose. Vous croyez que Dieu seul peut vraiment vous guider, pourvoir à vos besoins, vous protéger et vous donner un but. Votre confiance ne repose pas sur les gens, l'argent ou votre propre force, mais sur Dieu seul. Une leçon que Dieu m'a apprise au fil des années est de lui faire confiance pour résoudre tous mes problèmes et de ne compter sur aucun être humain. Les gens peuvent vous frustrer avec de fausses promesses.

Toute personne ayant une mentalité de « Dieu seul » sert Dieu et Dieu seul. Lorsque Dieu a donné les dix commandements aux enfants d'Israël, il leur a dit :

*« Tu n'auras pas d'autres dieux devant ma face » (Exode 20 : 3).*

Tout au long de la Bible, le problème majeur de Dieu avec Israël a été l'idolâtrie. Il les a toujours appelés à lui rester fidèles, à se souvenir de son alliance et à le servir de tout leur cœur, de toute leur pensée et de toute leur force.

Abraham est un modèle de cette mentalité.

*« C'est par la foi qu'Abraham, lors de sa vocation, obéit… sans savoir où il allait » (Hébreux 11 : 8).*

Il a fait confiance à Dieu au-delà du confort, de la logique, voire de la famille. Il a cru en l'impossible et était prêt à sacrifier son fils bien-aimé Isaac pour honorer Dieu (Genèse 15 : 22).

De nos jours, de nombreuses familles sont religieuses, mais pas spirituelles. Elles mêlent le christianisme à l'adoration des idoles, priant sur les lieux sacrés de la famille aujourd'hui, se rendant à l'église le lendemain. Ce syncrétisme affaiblit la fondation spirituelle de plusieurs familles chrétiennes et attire les malédictions.

La Bible est claire : on ne peut pas servir Dieu et les idoles.

*« C'est pourquoi, mes bien-aimés, fuyez l'idolâtrie. » (1 Corinthiens 10 : 14).*

Dieu demande une consécration entière et un dévouement total. Arrêtez de provoquer sa colère par le syncrétisme et l'hypocrisie. L'apôtre Paul donne cet avertissement :

*« Vous ne pouvez pas boire la coupe du Seigneur, et la coupe des démons ; vous ne pouvez pas participer à la table du Seigneur, et à la table des démons. Voulons-nous provoquer la jalousie du Seigneur ? Sommes-nous plus forts que lui ? (1 Corinthiens 10 : 21-22)*

Si vous souhaitez que votre famille bénéficie des bénédictions de Dieu, vous devez d'abord vous séparer des idoles et vous engager pleinement envers le Dieu vivant. Puis, conduisez votre famille à faire de même. Dieu bénit ceux qui le servent de tout leur cœur, comme l'a fait Abraham.

### 2. C'est une mentalité de « Dieu premièrement »

Cette mentalité consiste à placer Dieu au centre de votre vie. Il s'agit de choisir d'honorer, de chercher et d'obéir à Dieu avant toute autre chose : vos désirs, vos plans, vos relations, votre argent, voire votre propre confort. Cela signifie que Dieu occupe la première place dans chacune de vos décisions, de vos priorités et de vos activités quotidiennes. Jésus a clairement décrit cette mentalité dans Matthieu 6 : 33 en ces termes :

> « *Cherchez premièrement le royaume et la justice de Dieu ; et toutes ces choses vous seront données par-dessus.* »

Abraham est ainsi devenu un canal de bénédictions transgénérationnelles pour sa famille. Bien que la tâche ait été ardue, il était prêt à sacrifier son fils bien-aimé, Isaac, car obéir à Dieu était sa priorité absolue (Genèse 22). Ce jour-là, Dieu lui a fait une promesse ferme de bénir sa famille.

> « *Je te bénirai et je multiplierai ta postérité, comme les étoiles du ciel et comme le sable qui est sur le bord de la mer ; et ta postérité possédera la porte de ses ennemis. 18 Toutes les nations de la terre seront bénies en ta postérité, parce que tu as obéi à ma voix* » *(Genèse 22 : 17-18).*

Dieu a accordé à la descendance d'Abraham la grâce de la multiplication et de la domination. Nous avons pu observer la puissance de cette bénédiction à l'œuvre dans la vie des enfants d'Israël, où qu'ils se soient établis, au fil des générations.

Votre obéissance à Dieu aujourd'hui façonne l'avenir de votre famille. La place que vous accordez à Dieu aujourd'hui détermine son avenir. Je n'ai jamais vu quelqu'un accorder la priorité à Dieu et finir dernier.

En 1988, mon père, Pa A.T. Lekunze, dirigeait un projet de construction d'église. Alors qu'il avait commencé à bâtir sa propre maison, il a interrompu les travaux et a dit : « Je bâtirai la maison de Dieu, et il bâtira la mienne. » Après avoir achevé le projet d'église, il a terminé la construction de sa maison. Aujourd'hui, ses enfants sont la preuve vivante de la façon dont Dieu peut bénir la famille d'un homme qui lui a accordé la priorité.

Lorsque j'ai commencé le projet de la Mission du Plein Évangile à Cow Street, à Bamenda, en 2014, j'ai écrit exactement ces mots sur le plan : « Bâtissez la maison de Dieu, et il bâtira la vôtre. » Ce principe a façonné ma vie. Le jour du lancement, j'ai donné la seule voiture que je possédais pour le projet, parce que je crois en la devise de mon père : « Mettez Dieu au premier plan, et il s'occupera du reste. »

### 3. C'est une mentalité de « Dieu ne peut pas échouer »

Cette mentalité est une croyance inébranlable selon laquelle Dieu tient ses promesses, ne perd jamais une bataille, ne commet jamais d'erreur et n'abandonne jamais son peuple. Cela signifie avoir pleinement confiance que, quelles que soient les circonstances, Dieu interviendra pour en votre faveur, car il est fidèle, tout-puissant et parfait dans tout ce qu'il fait. Il ne suffit pas de croire en la puissance divine. Il est également crucial de croire en la vérité selon laquelle Dieu tient toujours ses promesses.

Après avoir servi Dieu pendant plusieurs années, Josué a témoigné avec courage de la fidélité inébranlable de Dieu.

*« De toutes les bonnes paroles que l'Éternel avait dites à la maison d'Israël, aucune ne resta sans effet : toutes s'accomplirent » (Josué 21 : 45).*

Toutes les promesses qu'ils avaient reçues par l'intermédiaire de Moïse se sont réalisées alors que Josué servait Dieu avec la conviction que « Dieu ne peut pas échouer ». Il a conduit le peuple d'Israël à posséder son héritage dans la terre promise.

Jésus a affronté la mort avec la même conviction. Il avait la certitude que le plan de son père ne faillirait pas. C'est pourquoi il pria :

*« Père, je remets mon esprit entre tes mains… » (Luc 23 : 46)*

La conviction que Dieu ne peut pas échouer vous aidera à lui faire confiance, quelles que soient les circonstances. Vous ne paniquerez pas lorsque les choses seront retardées ou deviendront difficiles. Vous vivrez avec une foi inébranlable, en sachant que le plan de Dieu finira par prévaloir.

C'est l'état d'esprit dont vous avez besoin pour transmettre la foi à votre famille. Si votre conviction et votre engagement sont superficiels, vous ne pourrez pas les influencer et les former dans cette voie. C'est peut-être pour cette raison que votre influence en tant que chrétien auprès de votre famille est pratiquement inexistante. Permettez-moi de vous demander : à quel point êtes-vous convaincu que Dieu est fidèle à sa parole dans votre vie et dans votre famille ? » Savez-vous que la profondeur de votre conviction quant à la fidélité de Dieu influence tout ce que vous faites et ceux qui vous entourent ? Chaque famille a besoin d'une personne qui a la mentalité « Dieu ne peut pas échouer » pour les inspirer à devenir des disciples du Christ.

### 4. C'est une mentalité de « Si Dieu l'a dit, je le ferai »

Cette mentalité implique une confiance totale et une obéissance prompte à Dieu, même lorsque la situation est complexe, risquée ou floue. Vous n'attendez pas d'avoir une compréhension totale pour faire ce que Dieu vous a ordonné de faire. C'est une mentalité d'action. Si Dieu a parlé, vous agissez immédiatement.

Abraham a ainsi obéi à l'appel de Dieu de tout laisser à l'âge de 75 ans, quittant tout pour partir (Genèse 12 : 1-5). Il n'avait ni église, ni bible, ni pasteur, juste la Parole de Dieu. Son obéissance a béni ses descendants et le monde entier. À l'instar d'Abraham, irez-vous en mission à 75 ans ?

Noé a construit l'arche avant même qu'il ne pleuve. Il n'a pas demandé de preuve. Pendant 120 ans, il a obéi au commandement de Dieu, en dépit des moqueries publiques. Grâce à son obéissance, sa famille a été sauvée du déluge dévastateur (Hébreux 11 : 7).

Mon père a vécu dans cet état d'esprit. En 1982, il a démissionné de son poste d'enseignant à l'école missionnaire presbytérienne de Batchuontai, à Mamfe, car ses supérieurs ne lui permettaient pas de pratiquer sa foi librement. Nous avons alors quitté notre logement gratuit sur le campus de l'école pour emménager dans une petite chambre avec salon, avec une famille de huit personnes.

Ces jours-là étaient difficiles. Nous avons survécu grâce à l'agriculture. L'année suivante, j'ai réussi le concours d'entrée en classe de sixième, mais je n'ai pas pu poursuivre mes études secondaires, faute de moyens financiers. Mon père a jeûné et prié, confiant que Dieu lui trouverait un emploi dans la fonction publique. En 1984, il a été recruté par le gouvernement, juste avant la fermeture de plusieurs écoles missionnaires. Beaucoup ont perdu leur emploi, mais son obéissance a ouvert une porte qui a assuré notre avenir.

Peter a quitté son métier de pêcheur lorsque Jésus a dit, *« Suis-moi » (Matthieu 4 : 19)*. Ce seul acte d'obéissance a changé l'histoire de l'Église. Si vous voulez que votre famille bénéficie des bénédictions de Dieu, obéissez rapidement et pleinement à sa voix, même lorsque cela est difficile. Si Dieu l'a dit, faites-le !

## Un Dieu qui garde son alliance

Dieu est le Dieu d'alliance. Il est un gardien de l'alliance, pas un briseur d'alliance. Sa force réside dans son incapacité à mentir. L'alliance de Dieu est aussi solide que la terre et aussi immuable que le rythme du jour et de la nuit (Jérémie 33 : 19-21, 25).

Le Psaume 89 : 34 dit,

> *« Je ne violerai point mon alliance et je ne changerai pas ce qui est sorti de mes lèvres. »*

Dieu est fidèle à ses promesses et à son alliance. Il ne se contente pas de garder l'alliance avec ses partenaires immédiats, mais aussi avec leurs générations successives. Votre alliance avec Dieu ne s'arrête pas avec vous ; elle se transmet à votre descendance. C'est le mystère d'Israël aujourd'hui ; l'alliance que Dieu a faite avec Abraham, Isaac et Jacob les a prédisposés aux bénédictions générationnelles. L'alliance a le pouvoir de résister à l'épreuve du temps et des saisons.

## Dieu interagit avec nous au moyen des alliances

Dieu n'est pas seulement intéressé par les individus ; il établit des alliances avec les familles. Du temps d'Abraham à l'Église primitive, nous remarquons un schéma : lorsqu'une personne établit une alliance avec Dieu, la bénédiction est conçue pour se transmettre à la descendance directe et aux générations futures.

Dans notre relation d'alliance, Dieu nous promet des bénédictions et attend notre obéissance en retour. Selon l'ancienne alliance (Ancien Testament), Israël devait suivre trois types de lois :
- Les lois morales — comportement juste et injuste.
- Les lois cérémoniales — rituels religieux
- Les lois civiles — ordre social et justice.

Bien qu'ils aient été sauvés par grâce, par la foi dans les promesses de Dieu, en particulier dans celles concernant le Messie à venir, leur foi se manifestait par l'obéissance et les sacrifices qui pointaient vers le Christ. Cependant, personne à cette époque ne pouvait garder la Loi parfaitement. Paul le résume ainsi dans Romains 3, verset 23 :

> *« Car tous ont péché et sont privés de la gloire de Dieu. »*

C'est pourquoi Dieu nous a donné une nouvelle alliance (Nouveau Testament) — un meilleur chemin. Grâce à Jésus-Christ, qui a mené une vie parfaite et est mort pour nos péchés, l'ancienne alliance a été accomplie. Maintenant, nous sommes sauvés non pas par nos œuvres, mais par la grâce, par la foi en lui, par l'œuvre achevée de la croix (Éphésiens 2 : 8).

Mais la grâce ne supprime pas l'obéissance ; elle l'encourage. La grâce n'est jamais un permis de pécher ; elle nous donne la force de dire non au péché et aux œuvres de la chair (Tite 2 : 11-12). Jésus a dit :

*« Si vous m'aimez, gardez mes commandements. » (Jean 14 : 15).*

*« Heureux plutôt ceux qui écoutent la Parole de Dieu et la mettent en pratique. » (Luc 11 : 28).*

Jésus nous commande de marcher dans la pureté, l'intégrité et l'honnêteté, tout comme lui. Ceux qui le font bénéficient davantage de ses bénédictions.

Cependant, vous devez savoir que l'obéissance est un cheminement, pas une perfection à atteindre. En grandissant dans la foi, nous grandissons également dans l'obéissance et faisons l'expérience de la paix, de la joie et des desseins de Dieu. Grâce à Christ, vous êtes maintenant un enfant d'alliance de Dieu (Éphésiens 1 : 5). Les promesses faites à Abraham vous appartiennent (Galates 3 : 13-14, 29). Vous êtes béni, assis avec Christ, et jamais seul (Éphésiens 1 : 3 ; 2 : 6 ; Matthieu 28 : 20).

Vivez avec cette conviction et devenez un instrument d'impact significatif dans votre famille et votre communauté.

## La loi de l'alliance supérieure

*« Mais maintenant, c'est un service bien supérieur qui a été confié à notre grand-prêtre, car il est le médiateur d'une alliance bien meilleure fondée sur de meilleures promesses. » (Hébreux 8:6, BDS).*

Dieu a établi une alliance supérieure avec nous par l'intermédiaire de Jésus-Christ, une qui surpasse l'ancienne alliance en tous points. Contrairement à l'ancienne alliance, qui était basée sur les lois et les sacrifices d'animaux, la nouvelle alliance est fondée sur la grâce, l'amour et le sang de Jésus. Elle offre le pardon, la vie éternelle et une relation personnelle avec Dieu.

La loi de l'alliance supérieure est celle-ci : lorsqu'une alliance plus grande est établie, celle qui est plus petite perd sa puissance. De la même manière qu'un mariage légal annule un engagement précédent, l'alliance que vous avez maintenant avec Christ annule toute alliance maléfique, qu'elle soit héritée, initiée, ou imposée.

Vous appartenez désormais à Christ : vous êtes son épouse (2 Corinthiens 11 : 2), son temple (1 Corinthiens 3 : 16), et un membre de son corps (1 Corinthiens 12 : 27). Aucun démon, aucune malédiction, ou « mari spirituel » n'a de droit légal sur votre vie. Vous êtes cachés en Christ (Colossiens 3 : 3).

Lorsque les attaques spirituelles surviennent, ne paniquez pas, invoquez le sang de Jésus, affirmez votre alliance avec Christ, et tenez-vous fermement sur la vérité. Jésus ne peut pas partager son épouse avec Satan.

### La grâce d'être lié à l'alliance divine

Dieu est un gardien d'alliance. Une fois acquitté de votre responsabilité, la réponse de Dieu est garantie. Faites simplement ce que vous avez à faire, et Dieu fera ce qu'il a promis.

Lorsque vous marchez en alliance avec Dieu en obéissant à sa parole, en vivant par la foi et en honorant ses commandements, il vous bénit, ainsi que vos descendants. Dieu l'a promis dans Exode 20 : 6, lorsqu'il a fait alliance avec la nation d'Israël.

*« Et qui fais miséricorde jusqu'en mille générations à ceux qui m'aiment et qui gardent mes commandements. »*

Proverbes 20 : 7 répercute cette même promesse.

*« Le juste marche dans son intégrité ; heureux ses enfants après lui. »*

Ceci nous montre qu'être fidèle à l'alliance de Dieu produit un effet multiplicateur : la bénédiction de Dieu coule à travers votre famille.

Dans 2 Samuel 7 : 12-16, Dieu a établi une alliance transgénérationnelle avec la famille de David, car il était passionné par la construction de la maison de Dieu. Dieu a promis d'établir sa lignée familiale pour toujours. En lisant la Bible, on voit comment Dieu a fait preuve de miséricorde envers les descendants de David. Cette alliance a préservé la famille de David jusqu'à la naissance de Jésus-Christ.

Le geôlier philippien a demandé à Paul comment faire pour être sauvé, et l'apôtre lui a dit :

> *« Crois au Seigneur Jésus, et tu seras sauvé, toi et ta famille »* (Actes 16 : 31).

Sa foi a joué un rôle crucial pour le salut de toute sa famille. Êtes-vous sauvé ? Vous êtes la clé d'une transformation phénoménale pour votre famille. Commencez à vous voir ainsi, plutôt que de croire au mensonge du diable selon lequel votre destinée et celle des membres de votre famille seraient emprisonnées dans une marmite quelque part, sous un arbre. Dieu vous a sauvé pour que vous les sauviez. Il vous a béni en Christ afin que vous deveniez une bénédiction pour eux.

## Les personnes d'alliances jouissent des secrets de Dieu

Psaumes 25 : 14 dit :

> *« L'Éternel confie ses desseins aux hommes qui le craignent, il les instruit de son alliance » (BDS).*

Dieu offre une amitié profonde et durable à ceux qui l'honorent, le vénèrent et lui obéissent. Quelle amitié terrestre peut se comparer à celle du créateur de l'univers ?

Le verset ci-dessus dans la version Louis Segond dit :

> *« L'amitié/le secret de l'Éternel est pour ceux qui le craignent, et son alliance leur donne instruction. »*

Le vrai succès a un secret, et Dieu le révèle à ceux qui marchent en alliance avec lui. En l'adorant, en le servant et en lui obéissant au quotidien, votre amitié avec lui grandit, tout comme son influence dans votre vie. Il ne vous guide pas seulement sur le plan spirituel ; il vous donne également la perspicacité nécessaire pour innover, résoudre des problèmes, et faire preuve de créativité dans tous les domaines.

Voici quelques exemples d'individus qui ont bénéficié de l'inspiration divine :

- Isaac Newton, un scientifique chrétien dévoué, a découvert la gravité, a formulé les lois du mouvement et a inventé le télescope ; il attribuait ses découvertes à une orientation divine.

- Johannes Kepler, connu pour ses lois du mouvement planétaire, croyait que Dieu lui avait révélé l'ordre de l'univers.
- Johann Sebastian Bach, l'un des plus grands compositeurs de l'histoire, a signé plusieurs de ses œuvres avec « Soli Deo Gloria » (à la gloire de Dieu seul).
- Elias Howe a inventé la machine à coudre après que Dieu lui montra un rêve dans lequel il était pris en otage par des sauvages et forcé de les regarder danser autour de lui avec des lances ayant des trous sur leurs extrémités. Ce rêve l'a inspiré à placer le chas de l'aiguille sur la pointe, plutôt qu'à l'autre extrémité, comme le voulait la tradition. Il a ainsi inventé la machine à coudre à point noué, qui a révolutionné l'industrie textile.

En vous engageant à marcher dans l'alliance de Dieu, il commencera à vous transmettre des idées qui transformeront votre vie, et même votre génération.

### Lorsque vous rompez l'alliance de Dieu (Psaumes 89 : 38-45)

Rejeter l'alliance de Dieu et vivre dans la désobéissance tout en prétendant l'aimer a de graves conséquences. Voici quatre conséquences du fait de se détourner de Dieu :

### 1) Perte de la protection et de la bénédiction de Dieu.

*« Tu as détruit toutes ses murailles… » (v. 41)*

Lorsque vous marchez dans le péché, vos murailles spirituelles s'écroulent. Vous devenez alors vulnérable aux attaques démoniaques et à la défaite.

### 2) Honte et humiliation

*« Tous les passants le dépouillent… » (v. 42)*

Les familles qui n'ont pas d'alliance avec Dieu souffrent souvent de honte publique et de destruction. Les alliances maléfiques avec les forces démoniaques apportent des malédictions, et non des solutions. Aucune quantité de prières ou de jeûne ne peut rectifier cette situation, jusqu'à ce que vous renonciez au mal et reveniez à Dieu.

## 3) Perte de joie et de force
*« Tu as élevé la droite de ses adversaires... » (v. 43)*
Lorsque vous rejetez l'alliance de Dieu, vous perdez votre force spirituelle. Les ennemis se multiplient ; la confusion, la division et le chagrin envahissent votre famille. Seule la restauration de votre alliance avec Dieu peut changer l'état des choses.

## 4) Les ténèbres et le désespoir
*« Tu as fait reculer le tranchant de son glaive... » (v. 44)*
Vivre dans le péché vous plonge dans l'obscurité spirituelle. Face au désespoir, certaines familles se tournent vers la sorcellerie pour obtenir de l'aide, concluant ainsi des pactes avec des démons. Seul Jésus offre une liberté durable et authentique.

La pratique de l'alliance du don (les semailles) et de la réception (la récolte)
Donner et recevoir est une loi divine immuable. Vous ne pouvez pas révoquer cette loi des semailles et de la moisson. Jésus a dit dans Luc 6 : 38 :

> *« Donnez, et il vous sera donné : on versera dans votre sein une bonne mesure, serrée, secouée et qui déborde ; « car on vous mesurera avec la mesure dont vous vous serez servis. »*

Même les incroyants admettent que « les personnes qui donnent sont rarement dans le besoin. » Elles reçoivent toujours en retour.

Dans Genèse 8 : 22, Dieu dit :

> *« Tant que la terre subsistera, les semailles et la moisson, le froid et la chaleur, le jour et la nuit ne cesseront point. »*

Si vous semez fidèlement, vous récolterez sûrement la moisson. Mais n'oubliez pas ce que Paul nous enseigne dans 2 Corinthiens 9 : 6 :

> *« Sachez-le, celui qui sème peu moissonnera peu, et celui qui sème abondamment moissonnera abondamment. »*

Votre moisson est toujours proportionnelle à la semence semée.

Mais la réception précède toujours le don. Dieu ne vous demandera jamais de donner ce qu'il ne vous a pas donné. Bien-aimé, Dieu possède la terre, tout ce qu'elle renferme, et tout ce que vous avez (Psaumes 24 : 1). Nous n'avons rien apporté dans ce monde. Nous y arrivons les mains vides, et nous ne prendrons rien avec nous lorsque nous le quitterons. Dieu possède l'énergie et la force dont nous avons besoin pour accomplir quoi que ce soit (Psaumes 18 : 1, 2 ; 27 : 1). Dieu possède les faveurs et les opportunités qui nous donnent tout (Ecclésiastes 9 : 11 ; Exode 12 : 36 ; 1 Corinthiens 4 : 7). Ce qui détermine vos résultats, ce n'est pas votre force, vos talents ou vos relations, mais la miséricorde de Dieu. Vous ne pouvez pas faire de bons choix sans l'aide de Dieu, par exemple. Il possède la sagesse et l'expertise qui nous ont apporté la richesse (Daniel 2 : 20, 21 ; Jean 3 : 27). Vous devez donc le reconnaître et l'honorer.

**Quelques exemples de donneurs**
- Adam a donné une de ses côtes pour recevoir une belle femme, Eve (Genèse 2 : 21-22).
- Dieu a multiplié le repas de la veuve de Sarepta, qui l'avait donné à Élie, l'homme de Dieu (1 Rois 17 : 13-16).
- Jésus a multiplié les cinq pains et les deux poissons d'un garçon, et 5 000 hommes en plus des femmes et des enfants (Jean 6 : 11-12).

*Leçons :*
- Ce que Dieu vous prend n'est pas pour satisfaire son besoin ; mais le vôtre.
- Ce que vous donnez à Dieu est de loin très insignifiant comparé à ce qu'il vous donne en retour.
- Ce que vous donnez à Dieu ne se perd pas ; cela est multiplié et vous est rendu dans le futur.
- Dieu prend ce que vous avez pour vous donner ce dont vous avez besoin.
- Ce que vous faites pour Dieu vous sera rendu au moment opportun.
- Votre semence est la clé de votre avenir.

**Comment devez-vous donner ?**
- L'offrande régulière de l'adoration (1 Chroniques 6 : 29 ; Marc 12 : 41-44).
- Les dîmes (et les premiers fruits) (Genèse 14 : 18-20 ; Malachie 3 : 10-11 ; Proverbes 3 : 9-10 ; Matthieu 23 : 23).

- Donner pour les projets du royaume (Exode 35 : 5-11 ; 1 Chroniques 29 : 2-3 ; Esdras 6 : 14 ; Luc 7 : 2-6).
- Les vœux et les sacrifices (1Samuel 1 : 11 ; Psaume 126 : 1-5, 132 : 1-5).
- Donner aux moins privilégiés (Proverbes 19 : 17 ; Psaumes 41 : 1).
- Les dons de responsabilité : donner à sa femme, à ses enfants, à ses parents biologiques, à ses parents spirituels, à ses mentors, etc. (Ephésiens 6 : 1-3 ; Galates 6 : 6 ; Genèse 27 : 1-4).

Ton don est un investissement qui sera sûrement récompensé. De plus, les parents généreux ont tendance à élever des enfants généreux. L'avarice et la cupidité qui caractérisent certaines personnes proviennent souvent de leurs parents. Mike Murdock a dit : « Donner, c'est la preuve que vous avez vaincu la cupidité. » L'égoïsme diminue toujours ce que vous avez gagné. Devenez une personne qui donne selon l'alliance !

## Comment développer une mentalité d'alliance

Une mentalité d'alliance signifie avoir une conscience profonde du fait que vous entretenez une relation personnelle et obligatoire avec Dieu, basée sur l'amour, l'obéissance, la confiance et l'honneur. Voici comment la développer :

### 1. Comprendre la fiabilité de l'alliance

Deutéronome 7 : 9 dit :

> *« Sache donc que l'Éternel, ton Dieu, qui est Dieu. Ce Dieu fidèle garde son alliance et sa miséricorde jusqu'à la millième génération envers ceux qui l'aiment et qui observent ses commandements. »*

Soyez convaincu de l'infaillibilité, de l'immuabilité et de la fiabilité des promesses d'alliance de Dieu. Cher ami, l'alliance est fiable et le gardien de l'alliance est infaillible. Dieu ne peut pas mentir. Il ne peut ni changer ni vous décevoir. Lisez les histoires des personnes qui ont vécu une vie d'alliance pour renforcer votre foi.

## 2. Répondez à l'appel de Dieu pour vivre une vie d'alliance

L'alliance commence par l'invitation de Dieu. Tout comme il a appelé Abraham (Néhémie 9 : 7-8), Dieu vous a appelé à entrer en relation avec lui. Romains 8 : 28 dit que ceux qui aiment Dieu sont

*« Appelés selon son dessein. »*

Vous n'êtes pas ici par hasard ; vous avez été personnellement invités dans l'alliance de Dieu.

Comme Abraham, entrez dans l'alliance par la foi au sang de Jésus-Christ et engagez-vous à vivre une vie d'obéissance. Enseignez cela à votre famille par votre exemple.

## 3. Maintenez l'alliance au quotidien

Comme toute relation, une alliance exige de l'attention et de la constance. Jésus nous a donné la Sainte Cène pour nous permettre de nous souvenir de notre alliance avec lui et de la renouveler (1 Corinthiens 11 : 24-25). Passez du temps avec Dieu, obéissez à sa parole, et vivez en ayant conscience de l'alliance. Allez régulièrement à la table de la communion pour renouveler votre alliance. Souvenez-vous que l'alliance avec le sang de Jésus-Christ est supérieure à toutes les autres alliances que le diable voudrait vous imposer.

## 4. Aimez Dieu, ne vous contentez pas de suivre des rituels

Dans Osée 6 : 6, Dieu dit :

*« Car j'aime la piété et non les sacrifices. »*

Dieu veut une relation, pas une religion vide. À la différence des idoles qui exigent des transactions épouvantables, Dieu veut votre cœur. Passez du temps avec lui : priez, adorez, jeûnez et laissez-le façonner votre vie.

J'ai constaté qu'il y avait des attaques spirituelles contre ma maison lorsque j'étais en voyage. J'ai donc commencé à organiser des retraites familiales avant de partir en voyage. La puissance de l'ennemi a été brisée sur ma famille. Lorsque vous cherchez Dieu, sa présence couvre votre maison.

## 5. Honorez Dieu de tout votre cœur

*« … Et il a eu pour moi de la crainte, il a tremblé devant mon nom. » (Malachie 2 : 5).*

Dans ce verset, Dieu loue les sacrificateurs de la famille de Lévi qui ont gardé l'alliance en l'honorant.

Enfant de Dieu, commencez à honorer Dieu plus que vous honorez les hommes. Je vois des gens dépenser des millions pour honorer leurs parents décédés. Ils installent des panneaux publicitaires, construisent de somptueux tombeaux et organisent des funérailles fastueuses. Mais comment honorons-nous le Dieu vivant ? Montrez-lui votre crainte, votre amour et votre loyauté. Il mérite votre plus grand respect, pas les restes.

### 6. Soyez fidèle à l'alliance

« *Car ils n'ont pas persévéré dans mon alliance, et moi aussi je ne me suis pas soucié d'eux…* » *(Hébreux 8 : 9).*

La bénédiction de l'alliance provient de la fidélité. Restez loyal. Restez obéissant. Dieu ne brise jamais sa parole ; ne brisez pas la vôtre. Il interviendra sûrement et changera votre histoire. Le diable ne peut pas vous arrêter dans l'alliance.

### Résumé

Nous avons vu qu'une alliance avec Dieu n'est pas juste un contrat spirituel ; c'est une relation qui transforme la vie. Lorsque vous adoptez une mentalité d'alliance, vous bénéficiez de la protection, de la direction et de la bénédiction divines, non seulement pour vous-même, mais aussi pour votre famille et les générations futures. Faites le choix de vivre avec confiance en Dieu seul, de le mettre au premier plan, d'avoir une foi inébranlable en ses promesses, et d'obéir rapidement à sa voix. L'alliance que vous honorez aujourd'hui façonnera la destinée de votre famille demain. Vivez-la. Enseignez-la. Transmettez-la ou passez le relai !

### *Actions de grâce :*

1. *Père, merci de m'avoir invité dans une relation d'alliance avec toi, au nom de Jésus.*
2. *Merci, Seigneur, d'être un Dieu qui garde l'alliance et qui n'échoue et ne ment jamais, au nom de Jésus.*
3. *Merci, Père, pour le sang de Jésus qui m'a amené dans la nouvelle alliance, au nom de Jésus.*

4. Seigneur, je te rends grâce pour tes bénédictions générationnelles, qui découlent de l'obéissance à l'alliance, au nom de Jésus-Christ.

**La repentance et la consécration :**

5. Père, je te prie de me pardonner de réclamer tes promesses tout en ignorant tes exigences, au nom de Jésus.
6. Seigneur, aie pitié de nous pour tous les actes de syncrétisme et d'idolâtrie que nous avons commis, au nom de Jésus.
7. Je me repens de l'engagement superficiel et de l'obéissance tardive, au nom de Jésus.
8. Père, je romps toute alliance maléfique que j'ai pu conclure avec Satan, soit par inadvertance, soit volontairement, au nom de Jésus.
9. Père, purifie-moi de l'indécision et du compromis spirituel, au nom de Jésus.
10. Ô Père, purifie mon cœur et renouvelle en moi un esprit bien disposé au nom de Jésus.
11. Seigneur, consume mon désir de me fier aux hommes ou aux richesses plutôt qu'à toi, au nom de Jésus.
12. Père, je m'abandonne entièrement à ta volonté et à tes desseins pour ma vie, au nom de Jésus.
13. Que toute idole cachée dans mon cœur soit déracinée par le feu, au nom de Jésus.
14. Je te consacre ma vie de nouveau comme un sacrifice vivant, au nom de Jésus.

**L'engagement familial à l'adoration et au service :**

15. Père, aide-moi à conduire ma famille dans une alliance plus profonde avec toi, au nom de Jésus.
16. Que notre maison soit un autel d'adoration et d'obéissance à toi, au nom de Jésus.
17. Que tout membre de ma famille devienne un disciple de Jésus-Christ, au nom de Jésus.
18. Seigneur, allume en nous un désir de te servir de tout cœur, au nom de Jésus.
19. Je déclare que notre famille ne servira pas les idoles ou ne s'engagera pas dans des pratiques religieuses hypocrites, au nom de Jésus.
20. Que notre histoire de famille soit réécrite à travers une alliance de marche avec Dieu au nom de Jésus.
21. Je déclare que notre famille sera connue pour la justice et la vérité, au nom de Jésus.

22. *Que nos enfants héritent de la passion spirituelle et des bénédictions d'alliance, au nom de Jésus.*
23. *Seigneur, utilise ma famille comme un phare pour d'autres familles et communautés, au nom de Jésus.*
24. *Puissions-nous servir Dieu avec nos talents, notre temps et nos ressources sans réserve, au nom de Jésus.*

**L'unité et l'amour dans la famille :**
25. *Père, unis nos cœurs dans l'amour et l'unité, au nom de Jésus.*
26. *Père, nous rejetons tout esprit de division, de mésentente et d'offense au nom de Jésus.*
27. *Père, apprends-nous à nous pardonner les uns les autres et à marcher dans l'harmonie, au nom de Jésus.*
28. *Père, remplis nos cœurs d'un amour authentique qui reflète ton cœur, au nom de Jésus.*
29. *Père, que toute barrière qui fait obstacle à l'unité dans notre maison soit détruite, au nom de Jésus.*
30. *Père, fais de notre famille un reflet de l'amour du paradis, au nom de Jésus.*
31. *Père, guéris toutes les blessures qui entravent l'amour dans nos relations, au nom de Jésus.*
32. *Père, restaure les liens brisés et les cœurs déconnectés dans notre famille, au nom de Jésus.*
33. *Père, nous déclarons que l'égoïsme n'aura pas de place dans notre maison, au nom de Jésus.*
34. *Père, que notre famille soit unie dans l'amour, la patience et l'honneur mutuel, au nom de Jésus.*

**La paix et l'ordre divin :**
35. *Seigneur, établis ta paix sur toute tempête dans notre famille, au nom de Jésus.*
36. *Je déclare l'ordre divin dans toute relation et responsabilité dans cette famille, au nom de Jésus.*
37. *Que la confusion et le chaos soient remplacés par la sagesse divine et la paix, au nom de Jésus.*
38. *Père, que notre famille devienne un sanctuaire de paix et un refuge, au nom de Jésus.*
39. *Je refuse toute mission démoniaque visant à semer le chaos dans notre famille au nom de Jésus.*

### Déclarations prophétiques et mentalité d'alliance :

40. Je déclare que notre famille marche sous un ciel ouvert, au nom de Jésus.
41. Nous ne manquerons pas de bonnes choses pendant que nous marchons dans l'obéissance, au nom de Jésus.
42. Nous sommes bénis de toute bénédiction spirituelle dans les lieux célestes, au nom de Jésus-Christ.
43. L'alliance de grâce parlera continuellement en faveur de ta famille, au nom de Jésus.
44. Nous sommes des enfants d'alliance, et aucun malheur ne prévaudra sur nous, au nom de Jésus.
45. Les bénédictions générationnelles reposent sur notre foyer, au nom de Jésus.
46. On nous connaîtra comme une famille qui honore Dieu plus que toute chose, au nom de Jésus.

### Le Cameroun :

47. Nous te remercions pour l'Église au Cameroun et pour tout croyant qui se tient à la brèche, au nom de Jésus.
48. Merci pour les ressources, les talents et la beauté avec lesquels tu as béni notre nation, au nom de Jésus.
49. Nous te remercions parce que tu es encore sur le trône et tu règnes sur toutes les affaires de cette nation, au nom de Jésus.
50. Seigneur, purifie la nation des mauvais autels et des alliances maléfiques établies par les leaders ou ancêtres, au nom de Jésus.

Chapitre 2
Jours 4-6

# L'autel et la parole

*« Gardant le souvenir de la foi sincère qui est en toi, qui habita d'abord dans ton aïeule Loïs et dans ta mère Eunice, et qui, j'en suis persuadé, habite aussi en toi. »*
*(2 Timothée 1:5).*

Un autel familial solide instaure la présence de Dieu dans le foyer et pose les bases de sa bénédiction durable pour la famille. Dans le magazine Influence, Samuel Rodriguez l'exprime si bien : « Montrez-moi un autel familial, et je vous montrerai une maison où réside la présence de Dieu. »
Et là où Dieu réside, de bonnes choses commencent à se produire. Des cœurs sont guéris, des vies sont restaurées et des destinées sont façonnées.

Votre famille traverse-t-elle une crise, une division ou une stagnation spirituelle ? Souhaitez-vous voir la paix, l'unité et la bénédiction de Dieu se transmettre à vos enfants et petits-enfants ? Voici une vérité puissante qui a fait ses preuves : bâtissez un autel familial solide.

L'autel familial est plus qu'une simple tradition ; c'est un lieu de rencontre entre le ciel et la terre, un espace où votre famille se retrouve sous la protection de la Parole de Dieu, de l'adoration et de la prière. C'est une porte spirituelle par laquelle la voix de Dieu est entendue, ses conseils sont reçus et ses bénédictions sont répandues sur la famille.

Soyons clairs : la destruction des autels maléfiques est importante, mais elle ne suffit pas. Brûler les idoles et démolir les lieux sacrés n'est qu'un début. Si vous voulez que les cieux s'ouvrent sur votre foyer, vous devez construire et entretenir intentionnellement un autel familial solide. C'est là que commencent le réveil et la restauration de la famille.

## Mon autel familial

La destinée de la famille Tangumonkem a été profondément façonnée par la puissance de la prière et de la parole sur notre autel familial.

Je ne me souviens plus exactement de quand tout a commencé, mais je sais une chose : la dévotion matinale était une constante chez nous. Mes parents ont donné leur vie à Jésus-Christ au début des années 1970 et sont restés de fervents croyants depuis. En grandissant, j'ai commencé à adorer Dieu avec eux à la Mission du Plein Évangile. Ce qui m'a le plus marqué, c'est leur passion pour vivre la Parole de Dieu. Cette passion a profondément influencé ma compréhension du christianisme. Leur exemple m'a appris qu'être chrétien, c'est vivre pleinement pour Jésus-Christ.

Chaque matin, entre 5 h et 5 h 30, papa ou maman nous réveillait pour la prière familiale. Nous chantions des chants, lisions la Bible, et papa, qui dirigeait habituellement, prêchait brièvement avant de nous conduire dans un court moment de prière. Cette routine quotidienne est devenue un élément essentiel de notre éducation.

Que cela nous plût ou non, nous devions y participer. Et nous ne pouvions pas nous en passer. Papa et maman avaient un système de suivi sans faille. Souvent, la voix calme, mais ferme de papa, ou le ton sec de maman interrompaient mes doux rêves matinaux. « Oh, maman encore avec sa prière ! » Je me traînais jusqu'au salon. La plupart du temps, j'y allais à moitié endormi et en grommelant, mais ces moments ont marqué ma vie à jamais. Je m'en souviens encore très bien.

Notre apprentissage ne se limitait pas seulement aux Écritures. Papa et maman profitaient souvent de ces moments pour nous transmettre des leçons de vie, tirées de leurs expériences personnelles ou d'anecdotes qu'ils avaient entendues quelque part. Ils nous ont appris à craindre Dieu, à respecter les autres, à éviter les influences néfastes et à viser l'excellence.

L'autel familial servait également de lieu de rassemblement pour passer les grandes annonces. Un matin, mon père s'éclaircit la gorge et annonça : « Nous allons bientôt commencer la construction de notre maison. » Nous l'avons accueilli avec beaucoup d'enthousiasme, car nous n'avions jamais vécu cela auparavant.

Il ne s'agissait pas seulement de dévotions matinales. Parfois, papa ou maman décrétait un jour de jeûne. Nous n'accueillions pas toujours cette annonce avec plaisir, mais ils attendaient de nous que nous nous joignions à eux. Parfois, nous allions à l'église ensemble pour prier. Il arrivait qu'ils jeûnent sans nous, mais nous savions tous que notre famille était fondée sur l'autel.

## Quand j'ai fondé ma famille

Les pratiques spirituelles que j'ai apprises auprès de mes parents à l'autel familial pendant mon enfance sont devenues le fondement de la construction de mon propre autel familial lorsque j'ai épousé Anna. Prier ensemble était naturel pour nous. Lorsque nous avons eu des enfants, les impliquer dans les prières matinales est devenu une évidence. En tant qu'évêque de ma maison, j'ai simplement appliqué ce que j'avais appris en grandissant auprès de mon évêque principal, Pa Lekunze A.T.

Chaque matin, nos enfants se comportaient comme nous quand nous étions enfants. Ils s'enveloppaient dans des couvertures et attendaient que ma femme ou moi les appelions pour la dévotion matinale. Un matin, mon fils Daniel, âgé de six ans, a demandé à sa mère : « Maman, ne pouvons-nous pas nous reposer au moins une journée de cette dévotion matinale ? » Elle a répondu : « Oh non, Dan. L'autel de Dieu a besoin de feu chaque matin – nous ne pouvons pas le laisser s'éteindre. » Dan s'est alors traîné jusqu'au salon pour se joindre à notre rituel familial quotidien.

À mesure que nos enfants grandissaient et apprenaient à lire, nous leur avons confié la responsabilité de diriger certaines dévotions. Chaque membre de la famille a fini par avoir un jour pour diriger. Depuis des années, c'est Anna qui dirige la dévotion familiale tous les lundis matins, tandis que je m'en charge les jeudis. Les autres jours, ce sont les enfants qui dirigent. En cas d'absence de l'un d'entre nous, nous désignons un autre « pasteur » pour le remplacer.

Au fil du temps, nous avons utilisé divers guides de dévotion pour enrichir nos moments de prière en famille. Cependant, depuis 2011, nous avons adopté le *guide de prière quotidienne « Tempête de prière »* pour nos prières familiales. Cette expérience a été formidable. Nous observons également des journées de jeûne en famille et organisons occasionnellement des retraites familiales.

Une leçon puissante que nos enfants ont apprise de l'autel familial est que Dieu exauce les prières. À plusieurs reprises, nous avons assigné à chacun des sujets de prière clés, et, après avoir prié longuement, nous sommes tous revenus avec le témoignage que Dieu avait exaucé nos prières. Nous avons été témoins de l'action de Dieu de manière spectaculaire. Je me souviens que, lorsque notre projet de construction a été bloqué, nous avons observé un jeûne familial un vendredi. Nous avons déversé nos cœurs devant notre Père céleste. Miraculeusement, de nouvelles idées ont surgi et les ressources financières ont commencé à affluer. Nous savions que le fardeau avait été allégé.

Alors que nous continuons à prier ensemble, Dieu nous parle également par des rêves et des visions prophétiques, offrant ainsi un éclairage et une orientation à la famille et à chacun de ses membres. L'autel familial nous a non seulement unis spirituellement, mais il est devenu un lieu consacré où la voix du ciel se fait entendre et où la puissance de Dieu se révèle.

### Qu'est-ce qu'un autel familial ?

En termes simples, il s'agit d'un moment et d'un espace dédiés au foyer, où toute la famille se réunit pour prier, adorer et étudier ensemble la Parole de Dieu. C'est un moment sacré d'intimité partagée avec le Dieu vivant ; un lieu de rencontre spirituelle où le ciel touche le foyer.

L'autel familial n'est pas nécessairement une structure physique en pierre ou en bois, comme dans l'Ancien Testament, mais plutôt une pratique constante de recherche de Dieu en famille. Cela peut se dérouler dans le salon, dans un coin de la maison, ou même dans une pièce aménagée à cet effet. Ce qui compte le plus, ce n'est pas le lieu, mais l'intention et la régularité.

Dans ma famille, nous nous réunissons généralement dans le salon pour nos moments de prière. Cependant, j'ai également vu des familles se surpasser pour créer des espaces dédiés à Dieu. Lors de ma visite de la propriété familiale du gouverneur Ivaha Dieudonné, par exemple, j'ai été profondément ému de découvrir une belle chapelle construite directement sur le domaine – un sanctuaire dédié au Seigneur.

Qu'il soit modeste ou majestueux, chaque foyer a besoin d'un autel. C'est le pare-feu spirituel de la famille, une barrière protectrice qui résiste aux ruses de Satan et attire la paix, la puissance et la présence de Dieu.

Ce dicton est vrai : « *Une famille qui prie ensemble reste unie.* » Montrez-moi une famille qui se rassemble autour de son autel, je vous montrerai une maison où la présence de Dieu repose et où sa puissance est à l'œuvre. L'autel familial façonne les destinées, guérit les relations brisées, guide les décisions et donne de la force dans les moments difficiles. C'est là que les enfants apprennent à craindre le Seigneur et que les conjoints harmonisent leur cœur avec Dieu et entre eux.

Ne sous-estimez jamais l'impact de cette pratique simple, mais puissante. Votre autel familial peut transformer la vie de votre famille à jamais.

## Pas un autel physique !

Un autel familial n'est pas une structure en pierre ou en bois. C'est une discipline spirituelle qui enracine votre famille dans la vérité, l'amour et le dessein de Dieu.

En raison de leur passé d'idolâtrie, certains croyants ont du mal à adorer le Dieu vivant sans objets matériels. Ils tentent donc de construire des autels à l'aide de bougies, d'encens, d'huiles d'onction spéciales, de pierres et d'objets dits « oints ». Dans un livre écrit par un pasteur de Bamenda, au Cameroun, il est conseillé aux lecteurs d'utiliser des bougies colorées et des crucifix pour construire des autels et prier à minuit. Ces pratiques peuvent sembler spirituelles, mais elles peuvent ouvrir dangereusement la porte aux forces démoniaques.

Il faut comprendre que les autels agissent comme des portes spirituelles reliant les mondes physique et spirituel. Jésus a clairement dit : « *Je suis la porte* » (Jean 10:9). Il est le seul accès légal au royaume de Dieu. Toute autre « porte spirituelle » est interdite et peut ouvrir la voie aux ténèbres. Soyez donc vigilants face aux dangers du syncrétisme et des « objets d'onction » trompeurs.

Un jour, une femme est venue nous demander de faire sa délivrance après avoir été victime d'étranges attaques spirituelles chez elle. Un faux prophète y avait installé un autel avec diverses bougies et objets mystiques. Ce qu'elle pensait être une invitation à la présence de Dieu l'avait en réalité réduite à l'esclavage.

En tant que croyants du Nouveau Testament, il ne nous est pas demandé de construire des autels physiques. Aucun passage du Nouveau Testament n'ordonne cette pratique. Ni l'apôtre Paul ni aucun des Pères de l'Église primitive n'a construit d'autel physique. Le seul élément physique prescrit par Jésus pour le culte est la Sainte Cène. Tout ce qui va au-delà constitue une distraction dangereuse du Christ.

Dans Exode 20 : 22-23, Dieu met en garde Israël contre le mélange du culte et des objets :

*« L'Éternel dit à Moïse : Tu parleras ainsi aux enfants d'Israël : Vous avez vu que je vous ai parlé depuis les cieux. Vous ne ferez point des dieux d'argent et des dieux d'or, pour me les associer ; vous ne vous en ferez point. »*

Un autel familial est un lieu de rassemblement spirituel où les membres de la famille cherchent Dieu ensemble. Ce n'est pas un mini-sanctuaire rempli d'objets religieux. Si vous avez rassemblé des objets de diverses sources pour construire un autel chez vous, il est temps de vous en débarrasser. Laissez Christ seul être au centre de votre culte.

## L'autel familial : une pierre angulaire pour les bénédictions familiales

L'une des clés les plus puissantes, mais souvent négligées, pour déclencher la bénédiction de Dieu dans le foyer est précisément l'autel familial.

Tout au long des Écritures, ceux qui ont construit des autels à Dieu ont bénéficié de sa faveur et ont transmis des bénédictions générationnelles. Abraham bâtissait régulièrement des autels pour adorer l'Éternel (Genèse 12 : 7-8 ; 13:18). Dans Genèse 18:19, Dieu dit ceci à son sujet :

*« Car je l'ai choisi, afin qu'il ordonne à ses fils et à sa maison après lui de garder la voie de l'Éternel, en pratiquant la droiture et la justice, et qu' ainsi l'Éternel accomplisse en faveur d'Abraham les promesses qu'il lui a faites… »*

Son obéissance et son engagement à marcher dans les voies de Dieu ont posé les bases pour une lignée bénie.

Josué était une autre personne dont l'autel familial a profondément impacté sa famille. Il a déclaré :

*« Moi et ma maison, nous servirons l'Éternel. » (Josué 24 : 15).*

Il a donné l'exemple d'un leadership fondé sur l'alliance qui a influencé toute sa famille.

Corneille est un exemple, dans le Nouveau Testament, d'un homme dont l'autel familial a eu un impact sur sa famille et sa communauté. Actes 10 nous dit qu'il était :

*« Un homme pieux qui craignait Dieu avec toute sa famille. »*

Son autel de prière familial a conduit au salut de toute sa famille. Sa famille est ainsi devenue la première parmi les païens à recevoir le baptême du Saint-Esprit. Grâce à eux, de nombreuses personnes ont certainement été amenées au royaume. Voyez-vous comment votre autel familial peut attirer la puissance de Dieu et faire de vous des agents de réveil et de restauration ?

## 1. Le lieu de communion et d'intimité avec notre Dieu

C'est là que nous interagissons avec lui et que nous le connaissons personnellement, plutôt que de nous contenter de lui demander des choses. Par notre communication, nous approfondissons notre relation avec Dieu. Les personnes et les familles qui n'ont pas d'autel et ne prient pas régulièrement ont une connaissance très superficielle de Dieu.

## 2. Le lieu de consécration

Nos péchés sont exposés et effacés par le sang de Jésus-Christ versé sur l'autel de prière. Ésaïe 6:1-7 nous enseigne que, lorsque nous contemplons le Dieu Tout-Puissant, nous voyons notre iniquité. À la lumière de sa sainteté, notre souillure est mise en évidence. C'est pourquoi les hommes et les femmes de prière sont des personnes saintes. On ne peut vivre en sa présence et se complaire dans le péché. Prenez l'exemple de la vie de Jérémie, de Samuel, de l'apôtre Paul ou de la reine Esther. C'étaient des personnes pieuses et saintes.

### 3. Le lieu du réveil

Nous vivons un réveil personnel et générationnel à l'autel de prière. Élie a prié de tout son cœur sur le mont Carmel, et le réveil a jailli (1 Rois 18). Evan Roberts a prié pendant 13 ans pour le réveil au Pays de Galles, et le réveil s'est produit. William J. Seymour a prié pendant 5 heures et demie pendant 5 ans, puis pendant 7 heures et demie deux ans plus tard, et le réveil d'Azusa Street a eu lieu. Nous attisons les flammes du Saint-Esprit lorsque nous prions en esprit (2 Timothée 1:6).

### 4. Le lieu où la semence de la Parole de Dieu est plantée

L'autel familial est le lieu où les enfants reçoivent la semence de la Parole de Dieu. C'est à l'autel familial qu'Abraham a ordonné à ses enfants de marcher dans les voies de Dieu (Genèse 18:19). N'est-il pas merveilleux que sa descendance ne se soit pas déconnectée de Dieu ? Isaac, Jacob, Joseph et les enfants de leurs enfants aimaient le Dieu de leur ancêtre, Abraham.

Combien de nos enfants, qui ont grandi à l'Église avec nous, servent-ils encore Dieu à l'âge adulte, aujourd'hui ? Plusieurs enfants d'église finissent par copier le monde et s'égarer, loin de Dieu. Pourquoi ? Leurs parents ont une part de responsabilité. Ils ne leur ordonnent pas de suivre la voie du Seigneur, comme l'a fait Abraham.

Le mot hébreu traduit par « commander » dans Genèse 18:19 signifie « donner des instructions, des ordres ou des directives avec autorité ». Cela implique qu'Abraham a enseigné à ses enfants les voies, les commandements et les lois de Dieu. Il a guidé sa famille dans le culte et leur a montré la foi par son obéissance et son adoration. Il a respecté l'alliance devant eux et leur a également appris à faire de même.

Dans Deutéronome 6:6-9, Dieu nous enseigne comment inculquer la Parole à nos enfants :

> *« Et ces commandements, que je te donne aujourd'hui, seront dans ton cœur. Tu les inculqueras à tes enfants, et tu en parleras quand tu seras dans ta maison, quand tu iras en voyage, quand tu te coucheras et quand tu te lèveras. Tu les*

> *lieras comme un signe sur tes mains, et ils seront comme des fronteaux entre tes yeux. Tu les écriras sur les poteaux de ta maison et sur tes portes. »*

En tant que parents, nous devons enseigner avec diligence, sérieux, régularité et discrétion. Seuls des parents pleinement engagés à voir leurs enfants grandir dans la voie de Dieu peuvent y parvenir. Malheureusement, beaucoup de parents chrétiens ne sont pas de véritables modèles pour leurs enfants. Comment voulez-vous qu'ils deviennent de véritables disciples de Christ s'ils ne voient en vous que de l'hypocrisie ? On dit que les enfants copient beaucoup plus ce qu'ils observent que ce qu'on leur demande de faire. Comme je l'ai mentionné précédemment, je reproduis aujourd'hui les gestes que j'ai vu mes parents faire sur l'autel familial. À l'inverse, certains couples ont du mal à cultiver l'habitude de prier avec leurs enfants chaque jour, faute d'une éducation parentale adéquate. Anna et moi y parvenons avec une grande facilité, car nous avons tous deux été élevés dans des foyers où l'autel familial était pratiqué quotidiennement.

Faites de votre autel familial un lieu où vous plantez intentionnellement la graine de la Parole de Dieu parmi les membres de votre famille. Le pasteur Tony Evans a dit un jour : *« L'outil le plus puissant pour façonner l'avenir d'un enfant est l'autel familial. »* Malheureusement, si nous n'éduquons pas nos enfants à servir Dieu, Satan les asservira.

### Timothée, un exemple parfait

Paul a écrit ceci à propos de Timothée :

> *« Gardant le souvenir de la foi sincère qui est en toi, qui habita d'abord dans ton aïeule Loïs et dans ta mère Eunice, et qui, j'en suis persuadé, habite aussi en toi » (2 Timothée 1:5).*

Timothée était le fils d'une mère judéo-chrétienne, Eunice, et d'un père grec (Actes 16:1). Bien que son père ne fût probablement pas croyant, il a été élevé dans un foyer pieux, façonné par sa mère et sa grand-mère. Ces femmes sont félicitées pour avoir transmis une foi sincère et active qui a profondément marqué la croissance spirituelle de Timothée.

Dès son enfance, Timothée a reçu de sa mère la semence de la foi chrétienne. En d'autres termes, il est venu à Christ par son intermédiaire. Combien de parents chrétiens peuvent aujourd'hui affirmer que leurs enfants sont devenus de véritables disciples grâce à leur influence ?

Malheureusement, certains enfants rejettent l'Évangile à cause de l'hypocrisie qu'ils perçoivent chez leurs parents.

À une époque où l'influence publique des femmes dans la religion était limitée, Eunice et Loïs ont joué un rôle essentiel dans la formation de l'avenir d'un dirigeant d'Église. Leur enseignement, fondé sur les Écritures hébraïques et accompli en Christ, a posé les bases de la vie et du ministère de Timothée.

Nous devons nous fixer pour objectif de transmettre la foi à nos enfants. Premièrement, en menant une vie chrétienne authentique devant eux. Deuxièmement, en leur enseignant l'Évangile avec clarté. Troisièmement, en faisant preuve d'un amour à l'image du Christ, ferme, mais inconditionnel.

### 5. Le lieu de sécurité

L'autel familial invite à la présence de Dieu, et là où Dieu est présent, ses bénédictions affluent. Proverbes 3:33 dit :

> *« ...Il bénit la demeure des justes ; L'Éternel bénit la maison du juste » (Proverbes 3:33).*

Dans un monde rempli de confusion morale, de distractions culturelles et d'activités sataniques destructrices, votre autel devient un système de défense spirituel pour assurer la sécurité de votre famille.

> *« Celui qui demeure sous l'abri du Très-Haut Repose à l'ombre du Tout-Puissant » (Psaume 91:1).*

Souhaitez-vous que votre famille bénéficie d'une protection surnaturelle ? Bâtissez un autel familial. La plupart des familles, qui n'en ont pas, finissent par se tourner vers les agents du diable pour obtenir leur protection. Un foyer qui prie est un foyer béni, où Dieu guide, pourvoit et protège de génération en génération.

Il y a quelque temps, alors que j'étudiais au Togo, j'ai rêvé que l'ennemi attaquait mon fils. Alarmé, j'ai demandé à mes camarades de prier avec moi pour que ma famille soit protégée. Plus tard, j'ai appelé chez moi et ma femme m'a dit que notre fils était entré dans notre chambre à minuit en disant : « Je vais mourir. » Heureusement, elle a vite compris qu'il s'agissait d'une attaque démoniaque et a commencé à réprimander le diable, lui ordonnant de libérer l'enfant. Le nuage d'obscurité s'est dissipé et il a commencé à raconter ce qui s'était passé à l'école ce jour-là. Un groupe de garçons (ses camarades) s'était rassemblé derrière leur classe et avait envoyé l'un d'eux le chercher. Au début, il a refusé, mais sous la pression, il est allé le chercher. Ils l'ont encerclé, et l'un d'eux a posé une main sur sa tête et s'est mis à chanter. Un nuage noir est immédiatement tombé sur lui. Malheureusement, il n'en a pas parlé à sa mère après l'école, jusqu'à ce que le démon de la mort vienne le chercher la nuit. Imaginez ce qui aurait pu arriver si ma femme n'avait pas su prier. Combien d'enfants ont été attaqués, voire détruits spirituellement à l'école parce qu'ils n'avaient personne pour les protéger par la prière ?

L'autel familial est un lieu de puissance spirituelle et de protection : ne le néglige pas.

## 6. L'autel familial renforce l'unité

Ce dicton est vrai : « Une famille qui prie ensemble reste unie. » Une vie de prière constante à l'autel familial invite non seulement à la présence de Dieu, mais elle renforce également l'unité, approfondit la confiance et resserre les liens affectifs au sein du foyer.

Une étude de l'Université Notre-Dame a révélé que les familles qui pratiquent régulièrement des activités religieuses, notamment la prière, connaissent une plus grande proximité émotionnelle et une plus grande satisfaction relationnelle. De même, selon Barna Research, les adolescents qui prient en famille sont plus susceptibles de rester fidèles à leur foi et d'entretenir des relations solides avec leurs parents.[2] Par conséquent, l'un des plus beaux cadeaux que tu puisses offrir à ta famille est l'habitude quotidienne de prier ensemble.

Pour les couples mariés, la prière crée un lien puissant. Elle adoucit les cœurs, brise l'orgueil et harmonise les deux conjoints avec la volonté de Dieu. Comme le dit Stormie Omartian, *« la prière est une intimité avec Dieu, mais lorsque vous la faite ensemble, elle devient aussi une intimité l'un avec l'autre. »*

Des exemples bibliques confirment cette vérité. Abraham et Sara ont bâti des autels ensemble, transmettant ainsi un héritage de foi à leurs fils Isaac et Jacob (Genèse 12 : 7-8 ; 18:19). Marie et Joseph sont restés unis face aux épreuves divines en faisant confiance à Dieu par la prière.

Une enquête menée par la National Association of Marriage Enhancement (Association nationale pour l'amélioration du mariage) a révélé que moins de 1 % des couples qui prient ensemble quotidiennement divorcent.[3] Un couple au bord de la séparation a commencé à prier ensemble en silence chaque matin. Ce silence s'est transformé en confession, en pardon et en guérison. En quelques mois, leur mariage a été restauré, non seulement grâce à une thérapie, mais aussi grâce au pouvoir de la prière.

Votre autel familial devrait être bien plus qu'une simple tradition. Qu'il soit un lieu où les cœurs s'unissent, où les blessures se cicatrisent et où l'amour s'approfondit. Dans un monde de conflits et de distractions, que votre autel familial soit le pilier de la paix, de la présence et de l'unité au sein de votre foyer.

## 7. Un tremplin prophétique pour la destinée

L'autel de prière familial est bien plus qu'un lieu de dévotion ; c'est un tremplin prophétique où les destinées sont activées, guidées et protégées. C'est à l'autel que Dieu dispense sa direction, ses bénédictions et sa protection à chacun des membres de la famille.

C'est sur l'autel familial que Jacob reçut la bénédiction patriarcale avant de quitter la maison (Genèse 28 : 1-4). Bien qu'il soit parti par peur, la présence de Dieu l'a accompagné. À Béthel, il rencontra le Seigneur en rêve, confirmant ainsi sa bénédiction et le guidant vers son oncle Laban. Des années plus tard, cette même présence le ramena en terre promise, accomplissant ainsi sa destinée divine.

En revanche, de nombreuses vies ont déraillé parce qu'elles sont façonnées non pas par l'autel de Dieu, mais par des autels maléfiques, sources de manipulation, d'asservissement et de confusion. Les enfants issus de foyers dotés d'autels saints s'épanouissent, car leur chemin est en harmonie avec la volonté de Dieu. Ceux qui ont grandi sous des autels maléfiques souffrent souvent d'oppression spirituelle, de stagnation et de cycles d'échec. Comme le dit le Dr Paul Enenche : *« Un foyer qui n'a pas de feu de prière aura des feux étrangers. »*

Des études ont confirmé l'impact positif des autels familiaux sur la destinée des enfants. Selon Barna Research, les jeunes issus de familles qui prient et adorent Dieu régulièrement sont plus susceptibles de mener une vie axée sur l'essentiel, de prendre des décisions plus sages et de maintenir une foi durable.[4] Souhaitez-vous que vos enfants et les membres de votre famille suivent leur destinée divine ? Connectez-les à l'autel de Dieu. Faites-en sorte que l'autel de votre famille devienne un lieu où l'on déclare le but, où l'on forge son et où l'on s'accroche aux promesses de Dieu.

### Les étapes à suivre pour bâtir votre autel familial

Bâtir un autel familial ne requiert ni un cadre parfait, ni une prière interminable, encore moins un diplôme de séminaire. Ce qui compte avant tout, c'est la cohérence, la sincérité et l'unité.

> *« Le feu brûlera continuellement sur l'autel, il ne s'éteindra point. » (Lévitique 6:6).*

Voici **cinq étapes simples et pratiques** pour vous aider à développer votre autel familial :

**1. Fixez une heure régulière**

Proverbes 8:34 dit : *« Heureux l'homme qui m'écoute, Qui veille chaque jour à mes portes… »*

Choisissez un moment qui convienne à votre famille, le matin ou le soir. La constance permet de créer des habitudes, et les habitudes créent un héritage.

Chez nous, nous nous réunissons tous les matins à 5h30 pour la prière familiale. Les samedis et dimanches sont consacrés à la prière individuelle. Choisis un rythme adapté aux besoins de votre famille.

**2. Lisez la Parole ensemble**

Le Psaume 119:105 dit :

> *« Ta parole est une lampe à mes pieds, Et une lumière sur mon sentier. »*

Lisez ensemble un court passage biblique de 5 à 10 versets. Que chacun lise à voix haute à tour de rôle. Cela favorise l'engagement et la croissance spirituelle de chacun. Vous pouvez également utiliser un guide de dévotion familiale. Dans notre foyer, nous utilisons le *guide de prière quotidienne « Tempête de prière »*.

De temps en temps, nous lisons aussi des livres chrétiens inspirants en famille. Quoi que vous fassiez, prenez le temps d'étudier la Parole de Dieu chaque jour. Offrez des bibles à votre famille.

### 3. Discutez du passage
Deutéronome 6:7 dit :
> *« Tu les inculqueras à tes enfants... »*

Après la lecture, posez-vous des questions telles que : « Que signifie ce passage ? » ou « Comment pouvons-nous mettre cela en pratique aujourd'hui ? » Laissez également les enfants s'exprimer : leurs réflexions sont souvent profondes.

Chaque dimanche soir, à 20 h, nous organisons une étude biblique familiale avec le soutien du programme « Découvrir l'Amour de Dieu » (DAD). Après la lecture, nous répondons à quatre questions :
1) Que vous dit Dieu dans ce passage ?
2) Que révèle ce passage sur Dieu ?
3) Comment allez-vous appliquer cela dans votre vie ?
4) Avec qui partagerez-vous l'amour de Dieu au cours des 48 prochaines heures ?

Ce format simple s'est révélé être une bénédiction immense pour notre famille, nous rapprochant de Dieu et les uns des autres. Rien n'unit autant les gens que la Parole de Dieu et la prière.

### 4. Priez en famille
Matthieu 18:20 dit :
> *« Car là où deux ou trois sont assemblés en mon nom, je suis au milieu d'eux. »*

Priez ensemble pour vos besoins, vos préoccupations et vos bénédictions. Laissez chacun prier à tour de rôle, y compris les enfants. Donnez à chacun un sujet de prière. Par exemple, le père peut prier pour la santé de la famille, la mère pour les finances, et un enfant pour l'école ou les amis. Cela développe le sens des responsabilités et la sensibilité spirituelle.

Dans notre famille, nous organisons une rotation pour diriger les prières, chacun à son tour. Nous organisons également le jeûne en famille, si nécessaire, pour unir nos cœurs et implorer l'intervention et la bénédiction de Dieu.

## 5. Développez un autel pour votre famille élargie
Juges 6:25-26 dit :
> *« ...Renverse l'autel de Baal qui est à ton père, et abats le pieu sacré qui est dessus. Tu bâtiras ensuite et tu disposeras, sur le haut de ce rocher, un autel à l'Éternel ton Dieu... »*

Après avoir établi un autel permanent dans votre foyer, envisagez d'en construire un autre avec votre famille élargie (frères et sœurs, cousins, etc.). Encouragez-les à se réunir et à rechercher Dieu ensemble.

Dans le livre des Juges, Dieu dit à Gédéon de détruire l'autel maléfique de la maison de son père avant d'ériger un autel saint pour le Seigneur. De nos jours, de nombreuses difficultés familiales trouvent leur origine dans des conflits générationnels qui nécessiteraient la construction d'un autel collectif de prière et de repentance.

Dans notre famille élargie, nous nous réunissons deux fois par an : une fois physiquement et une fois en ligne. Les membres de la famille à l'étranger se réunissent virtuellement. Ces réunions ont apporté des percées considérables, ainsi que la guérison et la restauration spirituelle à notre famille.

Vous pouvez vous réunir une fois par semaine, une fois par mois ou une fois par an, selon ce qui vous convient le mieux. L'essentiel est d'être intentionnel et régulier. Si vous en ressentez le besoin, n'hésitez pas à solliciter l'aide de dirigeants spirituels respectés pour diriger ces réunions. Cela peut s'avérer particulièrement utile si votre famille fait face à des combats spirituels que vous ne vous sentez pas capable de gérer seul.

### Bâtissez votre autel
Maintenant que vous comprenez le rôle vital de l'autel dans la libération des bénédictions de Dieu sur votre famille, que comptez-vous faire ? Le meilleur endroit pour commencer est votre autel personnel. Mettez en pratique les leçons que vous avez apprises, puis rassemblez votre famille proche et, éventuellement, votre famille élargie. John L. Mason a dit : « *La chose la plus puissante que vous puissiez faire dans n'importe quelle situation est de vous mettre à genoux et de demander l'aide de Dieu.* »

La puissance de Dieu ne sera plus absente de votre foyer. Les forces spirituelles maléfiques seront écrasées sous vos pieds. Vos proches commenceront à s'élever dans des sphères que vous n'auriez jamais imaginées. L'autel familial libérera une nouvelle onction de restauration sur votre foyer. Élevez votre autel !

Vous n'avez pas besoin d'être parfaits ; mais simplement cohérents. Laissez votre maison devenir une demeure pour la gloire de Dieu.

## SUJETS DE PRIÈRE
### *Actions de grâce :*
1. *Père, merci pour le don du salut et le privilège de construire un autel dans notre maison, au nom de Jésus.*
2. *Seigneur, nous te remercions pour chaque semence de vérité et de justice plantée dans notre famille par ta Parole, au nom de Jésus.*
3. *Merci, Seigneur, pour l'héritage de foi transmis par nos parents spirituels et biologiques, au nom de Jésus.*
4. *Père, nous te remercions pour les fois où tu as parlé à notre famille par l'intermédiaire de l'autel, nous guidant et nous préservant, au nom de Jésus.*

### *La repentance et la consécration:*
5. *Père, pardonne-nous d'avoir négligé notre autel familial et d'avoir donné la priorité aux choses du monde plutôt qu'à ta présence, au nom de Jésus.*
6. *Père, purifie-nous de toute paresse spirituelle, de toute hypocrisie et de toute double vie, au nom de Jésus.*
7. *Père, nous nous repentons de tout compromis qui a ouvert des portes aux ténèbres dans notre famille, au nom de Jésus.*
8. *Que le sang de Jésus purifie notre autel et restaure sa pureté et sa puissance, au nom de Jésus.*
9. *Père, purifie nos cœurs afin que nous puissions offrir une véritable adoration et obéissance en tant que famille, au nom de Jésus.*
10. *Père, consacre à nouveau les membres de notre famille ; mets-nous à part pour ta gloire, au nom de Jésus.*

### *L'engagement familial à l'adoration et au service :*
11. *Père, aide-nous à établir un autel familial digne de ton nom. Nous voulons t'honorer quotidiennement, au nom de Jésus.*
12. *Père, fais que nos cœurs brûlent d'un nouveau désir de t'adorer et de te rechercher en tant que famille, au nom de Jésus.*

13. *Père, que notre foyer soit un sanctuaire où ta Parole est honorée et respectée, au nom de Jésus.*
14. *Père, donne-nous la grâce d'éduquer nos enfants dans tes voies et d'être de véritables modèles de foi devant eux, au nom de Jésus.*
15. *Père, fais que nos moments de dévotion soient remplis de ta présence et de ta puissance, au nom de Jésus.*
16. *Père, que ta Parole soit profondément plantée dans le cœur de nos enfants par l'intermédiaire de l'autel, au nom de Jésus.*

### Le discipolat familial et la croissance spirituelle :

17. *Seigneur, fais que chaque membre de notre famille devienne un disciple passionné de Jésus-Christ, au nom de Jésus.*
18. *Nous déclarons que nos enfants grandiront en t'aimant, en te servant et en t'obéissant toute leur vie, au nom de Jésus.*
19. *Père, fais que notre foyer devienne un terrain d'entraînement pour bâtir des ambassadeurs du royaume, au nom de Jésus.*
20. *Seigneur, fais que chaque leçon enseignée à notre autel familial façonne le caractère pieux de nos enfants, au nom de Jésus.*
21. *Père, fais que la vérité de l'Évangile s'enracine profondément dans le cœur de toute notre famille, au nom de Jésus.*
22. *Nous nous engageons à faire de ta Parole le fondement de tout ce que nous faisons en tant que famille, au nom de Jésus.*

### La protection et la sécurité :

23. *Père, que ta présence devienne un bouclier autour de notre famille à cause de l'autel, au nom de Jésus.*
24. *Père, que le feu de notre autel devienne une protection contre les invasions démoniaques, au nom de Jésus.*
25. *Seigneur, protège nos enfants des mauvais autels, des pièges spirituels et des influences impies, au nom de Jésus.*
26. *Que chaque plan démoniaque assigné à notre famille soit avorté par la puissance de notre autel familial, au nom de Jésus.*
27. *Puissions-nous toujours demeurer à l'ombre du Tout-Puissant grâce à notre communion constante, au nom de Jésus.*

### L'unité, l'amour et l'intimité dans la famille :

28. *Seigneur, utilise notre autel familial pour guérir les relations brisées et restaurer l'unité dans notre famille, au nom de Jésus.*

29. Père, fais en sorte que tout esprit d'offense, d'amertume et d'incompréhension soit chassé de notre autel, au nom de Jésus.
30. Père, nous déclarons que notre foyer sera rempli d'amour, de compréhension et de respect mutuel, au nom de Jésus.
31. Père, fortifie notre mariage et laisse la prière nous rapprocher en tant que mari et femme, au nom de Jésus.
32. Que l'atmosphère de notre foyer reflète la paix et la joie de l'Esprit Saint, au nom de Jésus.

### La révélation, l'orientation et la vision prophétique :

33. Père, ouvre nos oreilles pour entendre clairement ta voix chaque fois que nous nous réunissons à l'autel, au nom de Jésus.
34. Père, relâche les rêves, les visions et les directives divines pour guider notre famille, au nom de Jésus.
35. Père, fais que notre autel devienne une porte prophétique pour discerner ta volonté et tes plans, au nom de Jésus.
36. Père, que chaque décision que nous prenons en tant que famille naisse dans la prière et la révélation, au nom de Jésus.
37. Père, fais taire toute voix étrange qui contredit ta Parole dans notre foyer, au nom de Jésus.
38. Père, donne-nous des directives pour notre avenir, nos études, nos carrières et nos missions à travers l'autel familial, au nom de Jésus.

### Les déclarations prophétiques :

39. Nous déclarons que notre autel familial activera les bénédictions générationnelles, au nom de Jésus.
40. Comme Abraham, je transmettrai un héritage de foi et de justice, au nom de Jésus.
41. Nos enfants ne s'éloigneront pas du Seigneur, mais marcheront toujours dans sa vérité, au nom de Jésus.
42. Le feu de notre autel ne s'éteindra jamais, mais brûlera d'une génération à l'autre, au nom de Jésus.
43. Notre autel familial deviendra un mémorial de la fidélité de Dieu, au nom de Jésus.
44. Notre maison sera connue comme une demeure pour la présence de Dieu, au nom de Jésus.

*45. Moi et ma maison, nous servirons le Seigneur et nous marcherons dans ses voies pour toujours, au nom de Jésus.*

**Le Cameroun :**

*46. Père, merci pour la paix dont nous avons bénéficié jusqu'à présent, malgré les tensions et les troubles, au nom de Jésus.*

*47. Père, aie miséricorde de notre nation pour toute forme d'injustice, de corruption et d'effusion de sang, au nom de Jésus.*

*48. Nous nous repentons de l'idolâtrie, du tribalisme, de la haine et de l'effusion de sang innocent, au nom de Jésus.*

*49. Père, fais échouer tout complot visant à provoquer la violence, l'effusion de sang ou la guerre civile, au nom de Jésus.*

*50. Que tout plan visant à truquer, déstabiliser ou manipuler les élections soit démasqué et échoue, au nom de Jésus.*

LES FONDEMENTS D'UNE FAMILLE BÉNIE :
*10 principes dont vous avez besoin*

Chapitre 3
Jours 7-9

# L'obéissance à l'instruction Divine

*« C'est par la foi qu'Abraham, lors de sa vocation, obéit et partit pour un lieu qu'il devait recevoir en héritage, et qu'il partit sans savoir où il allait. » (Hébreux 11:8).*

Les bénédictions divines accompagnent ceux qui obéissent. On ne peut pas progresser vraiment avec Dieu sans une soumission totale à la direction prophétique. La croissance surnaturelle ne vient que par une obéissance stricte aux instructions divines. Le succès du royaume découle de l'alignement sur les principes divins. Le fait de prier et de jeûner pendant un an n'entraînera pas nécessairement la prospérité. Celle-ci dépend plutôt de votre soumission aux instructions divines.

De plus, vous ne pouvez grandir spirituellement que si vous vous enracinez dans la pratique de sa parole. Votre soumission aux instructions de Dieu vous donnera de l'autorité. Montrez-moi quelqu'un qui s'engage à obéir, et je vous montrerai quelqu'un qui s'élèvera vers la notoriété.

L'obéissance construit une famille ; la désobéissance la ruine. Cher ami, chaque fois que vous désobéissez aux instructions divines, soit vous stagnez, soit vous vous écartez du plan de Dieu pour votre vie. En agissant ainsi, vous entravez la destinée de votre famille. Demandez au roi Saül. Il a commencé par désobéir à une instruction simple du prophète Samuel :

*« Puis tu descendras avant moi à Guilgal ; et voici, je descendrai vers toi, pour offrir des holocaustes et des sacrifices d'actions de grâces. Tu attendras sept jours, jusqu'à ce que j'arrive auprès de toi et que je te dise ce que tu dois faire » (1 Samuel 10:8).*

Il a attendu pendant sept jours, mais Samuel ne venait toujours pas. Au lieu de persévérer ou de consulter Dieu pour savoir comment agir, il a continué et offert le sacrifice. Or, il n'était pas censé le faire, car il n'était pas prêtre. Plus tard, il a désobéi à l'ordre de Dieu de faire périr les Amalécites (1 Samuel 15). Cette désobéissance lui a valu de subir de graves conséquences. Il a perdu le royaume, ses enfants et sa vie. Sa famille n'a jamais prospéré en Israël.

Acan et toute sa famille ont péri avec toute sa maison parce qu'il avait désobéi à l'ordre de Josué de ne pas toucher au butin de la bataille de Jéricho (voir Josué 7). La désobéissance ouvre toujours la porte à la destruction, aussi minime soit-elle.

Cher ami, votre obéissance est essentielle pour recevoir la révélation divine et marcher dans les bénédictions de Dieu. Conscient de cela, Satan désire que vous vous révoltiez contre Dieu. Il veut que vous vous écartiez de ses projets divins pour votre vie et que vous l'accusiez de vous avoir abandonné. Combien se montrent amers envers Dieu, parce qu'ils ont du mal à surmonter les épreuves qu'ils rencontrent, alors qu'ils avaient reçu des occasions de sa part, mais qu'ils les ont gâchées en raison de leur rébellion ?

**Pourquoi suis-je ici ?**
L'une des plus grandes leçons que Dieu m'a enseignées est la suivante : votre mission de vie se découvre souvent en posant les bonnes questions. Trouver un but commence par la curiosité. Beaucoup de gens traversent la vie, frustrés, non pas parce qu'ils manquent de potentiel, mais parce qu'ils ne prennent jamais le temps de se poser les questions essentielles qui les orientent vers leur véritable but. C'est en posant des questions profondes et intentionnelles que j'ai compris le sens de mon existence. Et cela a apporté une paix profonde à mon âme. L'ignorance du but de votre vie produit la confusion, la peur et l'instabilité dans votre âme.

Souvent, la direction divine vient à ceux qui sont disposés à être enseignés. Imaginez quelqu'un voyageant vers une destination inconnue, mais qui refuse de demander son chemin. Quelles sont ses chances d'arrivée à bon port ou à l'heure ? Il en est de même pour votre appel et celui de votre famille. Si vous ne cherchez pas à clarifier les choses en vous posant les bonnes questions, vous risquez d'errer sans but et de passer à côté du but de votre vie. Vous ne pouvez pas vous permettre de gâcher votre destinée en courant la course de la vie sans feuille de route. Thomas Carlyle a dit à juste titre : *« L'homme sans but est comme un navire sans gouvernail, un vagabond, un rien, un non-homme. »*

Connaître votre but ou la volonté de Dieu pour votre vie est la première étape ; le poursuivre est la deuxième étape qui est cruciale. La plupart des gens savent ce que Dieu veut, mais ne sont pas prêts à s'y soumettre. C'est de la rébellion ! Un jour, alors que je priais avec un groupe de chrétiens pour le baptême du Saint-Esprit. L'un des membres était assis là, distrait, ne montrant aucun intérêt pour ce que nous faisions. Surpris, je me suis approché d'elle. « Ma sœur, pourquoi ne nous rejoignez-vous pas pour demander le baptême du Saint-Esprit ? » Lui ai-je demandé. « Je ne veux pas être remplie du Saint-Esprit parce qu'il me demandera de faire ce que je ne veux pas », a-t-elle répondu sans hésiter. C'est malheureusement l'état d'esprit de certains chrétiens. Ils ne veulent pas que Dieu les guide. Quelques semaines plus tard, on m'a informé qu'on l'avait admise à l'unité de soins intensifs de l'hôpital. Malheureusement, je n'ai pas pu lui parler avant sa mort. Selon des rumeurs, elle était morte parce qu'elle tentait de se faire avorter.

Cher ami, le meilleur que Dieu a pour vous réside dans sa volonté. Vous ne pouvez pas l'obtenir ailleurs. Il ne fait aucun doute que Jésus ait prié pour avoir la force de faire la volonté de son père jusqu'à ce que sa sueur soit mêlée au sang (Luc 22:44). À quel point la connaissance et l'accomplissement de la volonté de Dieu vous passionnent-ils ? Votre avenir ou celui de votre famille n'est pas garanti sans Dieu dans votre plan. Robert William déclare : « Connaître les desseins de Dieu pour votre vie est la chose la plus importante. Le fait de ne pas les connaître est insupportable. »

## Dieu guide les pas des justes

Dieu est engagé à guider méticuleusement ses enfants à travers les différentes étapes de la vie. Car les chemins de la vie mènent à travers des tunnels obscurs, des vallées profondes et de hautes montagnes. Vous devez recevoir l'aide divine pour accomplir votre destinée.

Le problème est que la plupart d'entre nous élaborent des plans, puis essaient de manipuler Dieu pour qu'il nous aide à les réaliser. Comme Dieu ne peut pas nous suivre dans la mauvaise direction, beaucoup se retrouvent seuls et finissent frustrés. Peu importe la vitesse à laquelle vous courez dans la mauvaise direction, vous n'arriverez jamais à la bonne destination. Si vous voulez échapper au désastre et aux regrets, adhérez au plan et à la volonté de Dieu pour votre vie. Assurez-vous d'obtenir l'approbation divine avant de prendre toute décision importante concernant votre vie et votre famille.

Vous me demanderez peut-être : « Pasteur, puis-je connaître clairement la volonté de Dieu concernant ma vie ? » La réponse est OUI ! Cependant, vous devez rechercher ses principes. La direction divine n'est accessible qu'à ceux qui cherchent sincèrement la vérité.

## *Il a dit : « N'y va pas maintenant ! »*

J'avais jeûné pendant trois jours et prié seul dans la salle de l'église pendant des heures par jour, mais je n'ai pas entendu une parole du Seigneur. Le soir du dernier jour de jeûne, quand je suis rentré chez moi, le Saint-Esprit a commencé tout à coup à me parler. Je me suis agenouillé devant mon lit. J'ai alors entendu distinctement ces paroles : « Ne va pas à Mbalmayo pour suivre cette formation maintenant ; je t'en aviserai quand le temps sera venu. » Je ressentais de la déception, mais j'ai choisi de me soumettre à sa volonté, convaincu que c'était ce qui était le mieux pour moi.

Après avoir terminé mon cursus à l'Institut biblique du plein évangile en 1996, j'ai décroché un diplôme en théologie et en ministère pastoral. Un an plus tard, en 1997, le programme d'études de l'École supérieure de Théologie d'Afrique de l'Ouest (WAAST) — annexe de Mbalmayo — a été mis en place. J'ai présenté l'examen d'entrée et j'ai réussi par la grâce de Dieu. Le directeur fondateur de l'école, le révérend Jim Lemons, m'a envoyé un courrier pour me féliciter d'avoir obtenu 98 % à l'examen et m'inviter à commencer le programme. J'ai reçu ce courrier avec beaucoup d'enthousiasme, car je rêvais de poursuivre mes études, et l'occasion se présentait enfin. Malheureusement, ma joie a été de courte durée parce que je ne possédais pas d'argent pour me rendre à Mbalmayo et que je n'avais pas de sponsor pour me soutenir. J'ai finalement perdu cette opportunité.

La vérité est que je n'avais pas prié pour savoir si c'était la volonté de Dieu et si j'avais choisi le bon moment pour poursuivre cette formation. Le timing divin est indispensable pour obtenir le meilleur de Dieu.

**« Il a fait toute chose bonne en son temps »** *(Ecclésiaste 3 : 11).* Quatre années après, soit en l'an 2002, une personne s'est portée volontaire pour contribuer aux frais liés à ma scolarité à Mbalmayo. Cette fois-ci, j'ai décidé de chercher la volonté parfaite de Dieu concernant ce programme avant d'accepter ce soutien. C'est ce qui m'a amené à jeûner et à prier pendant trois jours. Je remercie le Seigneur de m'avoir inspiré et de m'avoir répondu.

Quand le Saint-Esprit m'a dit de ne pas y aller, j'ai informé le parrain que ce n'était pas encore le temps de Dieu. En réalité, ce n'a pas été facile pour moi. Certains de ceux qui avaient obtenu leur diplôme après moi avaient déjà obtenu leur licence. J'avais l'impression de prendre du retard par rapport aux autres, mais la vie ne devrait pas être une compétition. Il est crucial que vous respectiez scrupuleusement le projet divin qui vous est réservé, car il diffère de celui destiné aux autres.

En 2005, Dieu m'a clairement dit qu'il était temps de commencer le programme d'études. Il m'a miraculeusement fourni les moyens financiers nécessaires pour que je puisse étudier sans stress jusqu'à l'obtention de ma licence et de mon master. J'ai dépensé des millions de francs CFA pour mes études sans difficulté et je me prépare maintenant à entamer des études doctorales. Au fil du temps, j'ai découvert que la plupart de ceux qui, selon moi, m'avaient devancé n'avaient pas eu la possibilité d'aller plus loin que la licence. Il est crucial de suivre le plan de Dieu, étape par étape.

### Pourquoi suis-je ici ?

À un moment critique de ma vie, j'ai commencé à chercher sincèrement Dieu pour trouver des réponses à certaines des questions les plus profondes de la vie — des questions sur mon but et ma destinée. J'avais besoin d'éclaircissements. Je voulais savoir exactement où Dieu voulait que je m'établisse et comment il voulait que j'accomplisse le ministère qu'il m'avait confié.

Ma soif spirituelle s'est intensifiée en étudiant la vie d'Adam. Dans Genèse 2:15, j'ai découvert une vérité puissante : après avoir créé Adam, Dieu lui a donné à la fois un lieu spécifique et une mission claire. J'ai compris que « les appels sont liés aux lieux ». J'ai alors réalisé que découvrir le lieu et le but que Dieu m'avait assigné n'était pas une option ; c'était essentiel. Alors, j'ai commencé à prier : « Père, il y a cinq continents dans le monde. Je te confie mon avenir. Je suis prêt à aller où tu veux — que ce soit pour rejoindre mes deux frères en Amérique ou pour m'installer dans le pays de ton choix. Je veux être là où tu veux que je sois. » J'étais sincère. J'étais prêt à faire tout ce que Dieu attendait de moi.

Même si je servais déjà fidèlement en tant que pasteur de la Mission du Plein Évangile au Cameroun, je ne pouvais ignorer la profonde inquiétude qui m'habitait. Je savais, sans aucun doute, qu'il y avait plus. Je me suis engagé de tout mon cœur auprès du Seigneur. J'ai promis d'obéir, peu importe le prix à payer, même si c'est difficile et inconfortable, afin d'accomplir la mission qu'il m'a confiée. J'ai même pris l'engagement de m'installer dans n'importe quelle partie du monde, à condition que ce soit en accord avec sa volonté.

Pendant près de cinq ans, j'ai prié, jeûné et cherché Dieu avec désir et intensité. En 2009, j'ai pris une semaine pour jeûner loin de chez moi, en ne buvant que du lait et de l'eau. Pendant ce jeûne, Dieu m'a parlé clairement : « *Ta mission est d'œuvrer pour le réveil et la restauration de mon peuple au Cameroun. Installe-toi à Yaoundé et sers-moi là-bas* ». C'est pourquoi je suis à Yaoundé et non en Europe ou en Amérique.

Beaucoup m'ont demandé pourquoi je ne m'étais pas installé en Europe ou aux États-Unis, même après que Dieu m'ait ouvert les portes de ces pays. Je me souviens d'un incident survenu à l'aéroport de Baltimore à la suite d'un voyage à Chicago. Une femme sénégalaise, qui voyageait avec ses enfants, m'a demandé d'où je venais. Quand je lui ai dit que je venais du Cameroun pour une visite éclair, elle m'a répondu, incrédule : « Tu veux dire que tu retournes en Afrique ? » Pour quoi faire ? » Je lui ai dit que j'aimais le Cameroun et que je ne pouvais pas rester aux États-Unis. Je sais où Dieu m'a envoyé. J'en suis certain. Pourquoi devrais-je envisager de m'installer en Allemagne, en France ou aux États-Unis, juste parce qu'une occasion se présente ? Dieu m'a-t-il envoyé là-bas ?

Au début, ma femme n'a pas vraiment adhéré à l'idée de s'installer à Yaoundé. Ce n'est qu'en juin 2013, quatre ans plus tard, qu'elle a clairement compris ce que Dieu disait. Une fois qu'elle a adhéré à la vision, nous avons officiellement demandé à la direction de notre église, la Mission du Plein Évangile du Cameroun, la permission d'être déchargés de nos fonctions pastorales afin que nous puissions avancer comme Dieu nous avait instruits. Il a fallu deux ans à l'église pour évaluer la situation. Finalement, en 2015, le surintendant général nous a officiellement libérés pour accomplir la mission que Dieu nous avait confiée à Yaoundé.

Nous avons déménagé le 12 septembre 2015 et nous nous sommes installés à Biyemassi, à Yaoundé. Certains collègues ont essayé de nous décourager. D'autres nous ont avertis que nous ne survivrions pas sans le soutien d'une église locale. Mais comme c'est Dieu qui nous a envoyés, nous avons vu sa fidélité. Dix ans sont passés, et il a abondamment béni le ministère entre nos mains.

En 2016, juste avant le début de la crise anglophone, j'ai eu une vision. Le guide de prière quotidienne *Tempête de Prière*, que nous publiions depuis 2011, a commencé à se répandre de Yaoundé vers diverses régions du Cameroun et au-delà. Jusqu'ici, nous imprimions le guide de prière à Bamenda et le distribuions à partir de là. Après cette vision, j'ai réalisé que nous devions délocaliser nos activités d'impression à Yaoundé. C'était une décision risquée, mais elle était divinement inspirée. Peu de temps après notre déménagement, la crise anglophone a éclaté. Si nous étions restés à Bamenda, notre ministère, le Réseau chrétien de restauration (RCR), aurait pu être paralysé.

Pouvez-vous imaginer ce qui se serait passé si j'avais suivi ma propre voie au lieu de rechercher et de me soumettre à la volonté de Dieu ? Mon échec ou ma stagnation ne m'aurait pas affecté seul ; cela aurait affecté toute ma famille. Ma prière pour vous est que vous ne fassiez jamais un seul pas hors du plan de Dieu pour votre vie.

### Que signifie obéir à Dieu ?
### Qu'est-ce que l'obéissance ?

L'obéissance consiste simplement à faire ce que Dieu dit. Comme Marie le dit dans Jean 2:5,

*« Faites ce qu'il vous dira. »*

Cela signifie répondre promptement aux instructions de Dieu et agir quand il dit d'agir. La véritable obéissance est l'abandon absolu à la volonté de Dieu — le suivre de tout son cœur, même lorsque cela n'a pas de sens. Par exemple, l'obéissance est une différence essentielle entre une brebis et une chèvre. Les brebis suivent le berger ; les chèvres ne le font pas.

**Jésus-Christ et l'obéissance**

Jésus est le modèle parfait de l'obéissance. Sa vie démontre comment l'obéissance à Dieu mène à l'accomplissement de sa mission et débloque les bénédictions divines — non seulement pour lui, mais pour tous ceux qui suivent son exemple.

Jésus a obéi totalement au Père. Jean 6:38 dit :

*« Car je suis descendu du ciel pour faire, non ma volonté, mais la volonté de celui qui m'a envoyé ».*

Tout au long des évangiles, vous remarquerez que la vie et le ministère de Jésus étaient centrés sur l'obéissance à la volonté de son père. Sa mission de sauver l'humanité reposait sur sa soumission indéfectible au père, même lorsqu'elle impliquait la souffrance.

Jésus a obéi à travers la souffrance. Hébreux 5:8 dit :

*« a appris, Bien qu'il fût Fils, l'obéissance par les choses qu'il a souffertes. »*

L'obéissance n'a pas été facile pour Jésus. Souvenez-vous de ce qu'il a affronté à Gethsémané. Il a prié :

*« Père, si tu voulais éloigner de moi cette coupe ! toutefois, que ma volonté ne se fasse pas, mais la tienne » (Luc 22:42).*

Il a choisi l'obéissance même si cela signifiait aller à la croix. Philippiens 2:8 dit :

*« Il s'est humilié lui-même, se rendant obéissant jusqu'à la mort, même jusqu'à la mort de la croix ».*

L'obéissance de Jésus a apporté le salut au monde. Son obéissance a conduit à l'accomplissement du plan rédempteur de Dieu. Par sa mort sacrificielle et sa résurrection, tous ceux qui croient en lui reçoivent la vie éternelle.

En raison de son obéissance, Dieu l'a élevé au-dessus de tout. De même, si nous voulons l'élévation divine, nous devons marcher dans l'obéissance. Cher(e) ami(e), Dieu vous utilisera pour avoir un impact sur votre famille et sur cette génération si vous êtes consumé par un ardent désir de lui obéir. Si vous êtes prêt à suivre ses instructions, même si cela fait mal.

## Le cœur humain est rebelle

Par nature, le cœur humain a tendance à résister à Dieu. Les Écritures le décrivent comme :

*« tortueux par-dessus tout, et il est méchant » (Jérémie 17:9).*

Ce « cœur » représente notre volonté, nos désirs et nos attitudes, souvent caractérisés par l'orgueil, l'égoïsme et la résistance au changement. Les gens préfèrent généralement faire les choses à leur manière, même si cela s'oppose à la volonté de Dieu. À quelle fréquence recherchez-vous l'avis de Dieu avant de prendre des décisions importantes ? Vous humiliez-vous facilement et vous repentez-vous lorsque la parole de Dieu met en évidence vos péchés ?

Dieu lui-même déplore cette dureté et promet une solution :

*« J'ôterai de votre corps le cœur de pierre, et je vous donnerai un cœur de chair » (Ézéchiel 36:26).*

Vous pouvez lui confier votre cœur pour une transformation profonde. Vous vous ouvrez à la puissance transformatrice de Dieu chaque fois que vous reconnaissez sincèrement vos péchés, que vous commencez à demander pardon et à être purifié par le sang de Jésus-Christ.

## La désobéissance est un esprit

La désobéissance n'est pas seulement un choix, c'est une influence spirituelle. Éphésiens 2:2 le caractérise ainsi :

*« L'esprit qui agit maintenant dans les fils de la rébellion. »*

Satan utilise cet esprit pour détourner les gens de Dieu, sachant que la désobéissance entraîne le jugement divin (Deutéronome 27-28). Les gens violent sciemment les commandements de Dieu, pleinement conscients des conséquences. Pourquoi ? Parce qu'ils sont sous l'influence de l'esprit de désobéissance.

Malheureusement, lorsque vous êtes sous l'influence de l'esprit de rébellion, vous ne pouvez pas vous libérer par votre seule volonté. Vous avez besoin de Jésus-Christ pour vous libérer. Si vous ne faites rien pour briser le joug de la rébellion qui pèse sur votre âme, il est possible d'être actif à l'église et d'être malgré tout un « fils ou une fille de la désobéissance ».

**Pourquoi avez-vous besoin de l'esprit d'obéissance**

L'obéissance est aussi un esprit. Dans Actes 5:32, le Saint-Esprit est décrit comme l'esprit d'obéissance. Il nous donne le pouvoir d'obéir à Dieu.

Voici pourquoi vous avez besoin d'être guidé par l'esprit d'obéissance :

1) *Pour vaincre l'esprit de désobéissance* : seul l'esprit d'obéissance peut vaincre l'influence de la rébellion dans votre vie et dans la vie des membres de votre famille.
2) *Pour obéir à des instructions difficiles* : les instructions de Dieu peuvent parfois être très difficiles, voire illogiques. Pourtant, l'obéissance apporte des miracles. Abraham a reçu l'ordre de déménager à 75 ans et de sacrifier son fils. Ces actes n'ont de sens que pour un cœur animé par l'obéissance.
3) *Pour expérimenter la promotion divine* : l'obéissance mène au progrès ; la désobéissance conduit à la perte. Saül a perdu son trône à cause de la désobéissance, tandis que David s'est élevé grâce à une humble obéissance.
4) *Pour exercer dans l'autorité spirituelle* : lorsque nous nous soumettons à Dieu, nous prenons l'autorité sur le mal. Jacques 4:7 dit :
   *« Soumettez-vous donc à Dieu ; résistez au diable, et il fuira loin de vous ».*

   Les mauvais esprits obéissent à ceux qui obéissent à Dieu (2 Corinthiens 10:6). Vous ne pouvez pas leur donner d'ordre lorsque vous vivez dans la désobéissance à l'autorité. Saint Augustin a dit : « La désobéissance a transformé les anges en démons. » La désobéissance vous identifie comme étant semblable à des démons, ce qui fait qu'ils vous méprisent.
5) *Pour se rapprocher de Dieu* : l'intimité avec Dieu est directement liée à l'obéissance.
   *« Vous êtes mes amis, si vous faites ce que je vous commande » (Jean 15:14).*

Vous ne pouvez pas marcher dans la présence de Dieu étant dans la désobéissance.

Souvent, notre plus grand défi n'est pas d'entendre la voix de Dieu, mais de lui obéir. C'est pourquoi Dieu a promis de nous donner un cœur et un esprit nouveau :

> *« Je mettrai un esprit nouveau en vous ; et je ferai en sorte que vous suiviez mes ordonnances » (Ézéchiel 36 : 26-27).*

Demandez à Dieu, avec foi, de vous baptiser de l'esprit d'obéissance. En grandissant dans l'obéissance, vous marcherez dans une plus grande faveur, une plus grande puissance et une plus grande intimité avec Dieu.

### Les dimensions de l'obéissance

L'obéissance à Dieu est plus qu'une simple soumission. C'est une attitude du cœur qui se caractérise par la confiance, le respect et l'acceptation de sa volonté.

### 1. Marcher devant lui

Obéir à Dieu signifie marcher devant lui dans l'intégrité, la fidélité et la révérence. Cela implique de vivre avec la conscience que Dieu est toujours en train de veiller et de guider. Il s'agit de faire des choix quotidiens qui reflètent votre dévotion et votre engagement envers lui. C'est aussi vivre en toute transparence, sans hypocrisie, et lui permettre de guider chacun de vos pas. Dieu dit à Abraham :

> *« Je suis le Dieu tout-puissant. Marche devant ma face et sois intègre » (Genèse 17:1).*

Dieu a donné cette instruction à Abraham, l'appelant à une alliance d'obéissance et de foi.

Engagez-vous à marcher devant Dieu dans l'obéissance, tout comme Abraham l'a fait.

### 2. Pour le suivre

L'obéissance est aussi la volonté de suivre Dieu partout où il nous mène, indépendamment de nos projets personnels ou de notre convenance. Cela exige de la confiance et l'abandon à sa direction. Jésus dit à ses disciples :

> *« Si quelqu'un veut venir après moi, qu'il renonce à lui-même, qu'il se charge chaque jour de sa croix, et qu'il me*

*suive » (Luc 9:23).*
Suivre le Christ signifie renoncer à ses préférences, ses ambitions et parfois son confort, et aller là où il nous conduit. Les disciples ont tout quitté — travail, famille et sécurité — pour suivre Jésus. Leur obéissance leur a permis d'être puissamment utilisés pour les desseins de Dieu (Matthieu 4:19-20).

Engagez-vous à suivre le plan de Dieu, quoi qu'il arrive.

### 3. Agir selon son instruction

La vraie obéissance consiste non seulement à écouter la Parole de Dieu, mais aussi à la mettre en pratique, à y répondre promptement et pleinement, même si cela est gênant ou coûteux.

*« Faites ce qu'il vous dira » (Jean 2:5).*

Marie a prononcé ces paroles lors des noces de Cana, et l'obéissance des serviteurs a conduit au premier miracle de Jésus enregistré dans les écritures. L'obéissance débloque le surnaturel.

Engagez-vous à agir promptement selon les instructions de Dieu.

### 4. Apprendre ses voies

L'obéissance ne se limite pas seulement à suivre des instructions ; elle implique un engagement à comprendre la nature et les valeurs de Dieu. Au fur et à mesure que vous apprenez ses voies, l'obéissance devient votre réponse par défaut.

*« Il a manifesté ses voies à Moïse, ses œuvres aux enfants d'Israël. » (Psaume 103:7)*

Israël a vu ce que Dieu a fait, mais Moïse a compris pourquoi il l'a fait, parce qu'il cherchait le cœur de Dieu.

David a été décrit comme un homme selon le cœur de Dieu (Actes 13:22). Il a passé du temps à rechercher les voies de Dieu, ce qui lui a permis de gouverner avec la sagesse divine et la perspicacité spirituelle.

Engagez-vous à rechercher, à connaître et à marcher dans les voies de Dieu.

### 5. Se soumettre à votre mission

L'obéissance signifie aussi accepter et accomplir la mission spécifique que

Dieu vous a confiée. Chaque croyant a un appel divin, et l'obéissance est le chemin pour l'accomplir.

*« Je t'ai glorifié sur la terre, j'ai achevé l'œuvre que tu m'as donné à faire » (Jean 17:4).*

Jésus a donné l'exemple de l'obéissance parfaite en accomplissant sa mission, même jusqu'à la mort. Jonas a d'abord fui la mission de Dieu de prêcher à Ninive. Sa désobéissance a conduit au désastre. Mais quand il s'est finalement soumis, une ville entière s'est repentie (Jonas 3:3-5).

S'il vous plaît, déterminez quelle est votre mission et donnez-vous à fond pour la réaliser. Cessez d'admirer les autres, développez vos talents et vos dons et mettez-les au service du Seigneur. J'ai regardé un jeune homme sur YouTube jouer du clavier si habilement que cela m'a époustouflé. Puis j'ai lu le commentaire de quelqu'un : « Ô, Dieu, ne peux-tu pas me donner le talent de ce jeune homme ? » J'ai répondu : « Vous avez votre propre talent. Développez-le, et les gens vous admireront aussi ».

Êtes-vous assis là à admirer les autres pendant que votre talent est enterré ? Se pourrait-il que vous ayez abandonné votre mission divine parce que vous pensez que Dieu ne vous a pas donné la meilleure ? C'est une malédiction de toujours convoiter ce que les autres ont. Le Eru (un plat populaire camerounais) a un arôme irrésistible lorsqu'il est bien préparé. Ma femme le fait très bien et j'aime le manger au moins une fois par semaine. Très peu de ceux qui savourent le Eru savent le découper et le cuisiner correctement. Couper le Eru est un art. Comme le Eru, un talent brut n'est pas particulièrement attrayant. Mais lorsqu'il est développé, il devient une attraction.

Cher(e) ami(e), acceptez votre mission et travaillez avec diligence pour l'accomplir. C'est cela l'obéissance. Dieu vous a donné ce qu'il y a de mieux pour vous. Dans la parabole des talents, Jésus enseigne que le propriétaire a distribué à chaque serviteur une quantité de talents proportionnelle à ses capacités. Arrêtez de convoiter ce que les autres ont, vous serez frustré. Au contraire, développez ce que vous avez, et vous serez heureux.

## L'obéissance peut être coûteuse

L'obéissance peut sembler coûteuse, mais le résultat n'a pas de prix. Lorsque Dieu a ordonné à Abraham de sacrifier Isaac, ce n'était pas une tâche facile. Mais lorsqu'il a obéi, il a reçu une bénédiction transgénérationnelle pour sa famille (Genèse 22). Cher(e) ami(e), Dieu va vous demander de faire quelque chose de difficile pour établir la bénédiction dans votre famille. Vous devez être disposé à obéir pleinement et promptement.

L'obéissance prompte aux instructions divines vous donne accès à la bénédiction et à de nouvelles instructions. Dieu cesse d'instruire ceux qui ne sont pas disposés à obéir à sa voix. Saul, à qui Dieu avait donné des instructions claires, est entré dans une période d'obscurité spirituelle où il n'entendait plus sa voix, car il s'était montré rebelle (1 Samuel 28:6). Malheureusement, il s'est suicidé par frustration. La seule chose qui garantira votre capacité à entendre Dieu, c'est votre obéissance. Si vous cessez d'obéir, vous perdrez bientôt votre connexion spirituelle.

Il y a des années, alors que je faisais confiance à Dieu et que je priais pour une voiture, j'ai reçu un dimanche matin l'instruction de donner mon salaire d'un mois à un prédicateur en visite chez nous, qui exerçait son ministère dans un programme de notre église. Je n'avais jamais fait une telle chose auparavant. Plusieurs pensées ont commencé à me traverser l'esprit : « Comment ma famille va-t-elle survivre pendant ce mois ? » « Et si rien ne se passe ? » J'ai partagé cela avec ma femme et nous avons décidé d'obéir au Seigneur. Nous avons donné l'argent et avons récupéré la voiture pour laquelle nous avions prié le même mois.

J'ai appris au cours de mes trente-trois ans de marche avec le Seigneur que tout ce qu'il veut multiplier dans nos vies, il nous demande de le lui abandonner. C'est comme si l'on semait un grain de maïs dans le sol. Lorsqu'il meurt, il se multiplie (Jean 12 : 24-25). Abraham a donné Isaac à Dieu et a reçu des enfants aussi nombreux que le sable. Dieu a donné son Fils unique et a reçu une multitude d'enfants dans son royaume.

Dieu vous demandera certainement de lui abandonner certaines choses, simplement parce qu'il veut bénir votre famille. Soyez prêt à le faire immédiatement. Que rien ne soit trop grand pour que vous puissiez le donner pour son œuvre ! La demande peut être douloureuse, mais la récompense sera glorieuse. Faites-le !

## Comment développer une vie d'obéissance

Développer une vie d'obéissance nécessite un abandon quotidien, une discipline intentionnelle et un cœur qui cherche à honorer Dieu par-dessus tout. L'obéissance ne s'acquiert pas du jour au lendemain ; c'est une habitude qui se développe au fil du temps en marchant étroitement avec Jésus-Christ. Voici quelques étapes qui peuvent vous aider :

### 1. Développer un cœur à l'écoute

L'obéissance commence par entendre clairement Dieu. Il vous est impossible de vous soumettre lorsque vous êtes déconnecté de sa voix qui vous guide et vous instruit.

Dans 1 Samuel 3:1-10, nous voyons le jeune prophète Samuel apprendre à reconnaître la voix de Dieu et à faire sa volonté. Enfant, Samuel a répondu :

> *« Parle, Éternel, car ton serviteur écoute » (1 Samuel 3:9).*

Il a cultivé l'habitude d'écouter, ce qui a fait de lui un prophète fidèle.

Vous devez prendre l'habitude d'écouter Dieu. Lorsque le Saint-Esprit m'a poussé à pratiquer l'écoute, mon ministère a pris une nouvelle dimension. Écouter Dieu est devenu une habitude. C'est la première chose que je fais au réveil. J'ai remarqué que la voix de Dieu est très claire pour moi entre 3 et 6 heures du matin. Alors, je me réveille chaque nuit et je l'écoute simplement. C'est formidable !

Cher(e) ami(e), passez du temps chaque jour à l'écouter et à noter ce qu'il vous dit.

### 2. Obéissez promptement et pleinement

Obéissez promptement et pleinement aux instructions de Dieu, car l'obéissance tardive et partielle est considérée comme de la désobéissance.

Quand Dieu a parlé à Abraham dans la nuit pour sacrifier Isaac, la Bible dit :

> *« [Il] se leva de bon matin, sella son âne, et prit avec lui deux serviteurs et son fils Isaac. Il fendit du bois pour l'holocauste, et partit pour aller au lieu que Dieu lui avait dit » (Genèse 22:3).*

Son obéissance immédiate a ouvert une porte de bénédiction à sa famille.

N'attendez pas de vous sentir prêt à exécuter une instruction divine. Quand Dieu parle, réagissez rapidement. L'obéissance tardive conduit souvent à des bénédictions manquées.

### 3. Obéissez dans les petites choses

La fidélité dans les petites choses peut s'avérer très payante. Avant de combattre Goliath, David obéissait à son père en gardant les moutons et en livrant de la nourriture. Dieu a utilisé ces petits actes d'obéissance pour le préparer à la royauté (1 Samuel 17:20, 34-37).

En tant que serviteur de Dieu, accomplissez les tâches subalternes qui vous sont confiées sans vous plaindre. Dieu les utilisera pour vous préparer à de plus grandes choses. Vous n'en croiriez pas vos yeux si vous voyiez où j'ai commencé le ministère à Bafang, dans la région de l'Ouest du Cameroun. Ma mère a pleuré lorsqu'elle m'a rendu visite pour la première fois dans la maison abandonnée où j'essayais d'implanter la nouvelle église. J'étais très pâle à cause du jeûne et des difficultés, et la maison était dans un état déplorable. À cette époque, les habitants de Bafang ne louaient pas leurs maisons à l'église, nous n'avions donc pas d'autre choix que de nous installer dans un bâtiment abandonné et inachevé. Elle a dit qu'elle m'aurait emmené si elle n'avait pas été convaincue que j'étais dans la volonté de Dieu. Ma famille récolte aujourd'hui le fruit de ce travail.

Soyez assidu dans vos responsabilités quotidiennes. Considérez-les comme des missions divines.

### 4. Obéissez même lorsque c'est difficile ou coûteux

La véritable obéissance est mise à l'épreuve dans des choix difficiles. À Gethsémané, Jésus a obéi même si cela signifiait mourir sur la croix (Luc 22:42). Son obéissance a apporté le salut au monde.

Dietrich Bonhoeffer, qui avait échappé aux menaces des nazis en Allemagne et trouvé refuge aux États-Unis, a été instruit par Dieu à rentrer dans son pays pour fortifier les croyants. Il a obéi à Dieu et a été tué par Hitler, mais il a laissé un héritage de courage et de conviction au monde.

Demandez au Saint-Esprit la force d'obéir même lorsque cela est peu commun, douloureux ou risqué.

## 5. Restez responsable et ouvert à l'enseignement

L'obéissance grandit dans la communauté et sous le mentorat. Élisée suit Élie de près, obéissant à ses instructions jusqu'à ce qu'il reçoive une double portion de l'onction (2 Rois 2).

Aujourd'hui, certains ont manqué leur objectif parce qu'ils ont choisi de devenir patrons sans avoir appris à servir. Un bon leader est d'abord et avant tout un excellent serviteur.

Soumettez-vous à un mentor spirituel ou à un partenaire responsable. Laissez les autres vous aider à rester fidèle.

### En résumé

L'obéissance aux instructions de Dieu est une clé essentielle pour débloquer ses bénédictions. Votre obéissance crée un effet d'entraînement qui impacte non seulement vos enfants, mais aussi les générations futures. Choisir de suivre Dieu, même lorsque c'est difficile, est un sacrifice qui ouvre des portes pour l'avancement de votre famille. C'est le moment de vous abandonner pleinement à Dieu et de laisser le Saint-Esprit vous remplir de l'esprit d'obéissance. Soyez plus que jamais engagé à passer votre vie à faire la volonté de Dieu et à enseigner à votre famille à suivre ses voies. Si vous le faites, les bénédictions de Dieu ne cesseront jamais de se déverser dans votre famille.

## SUJETS DE PRIÈRE

### *Actions de grâce :*

1. *Père, merci pour le don de ta parole qui guide nos vies et nos familles, au nom de Jésus.*
2. *Merci, Seigneur, pour chaque bénédiction que nous avons reçue en obéissant à tes instructions, au nom de Jésus.*
3. *Nous te remercions pour l'exemple de Jésus-Christ, qui a obéi jusqu'à la mort et a apporté le salut à l'humanité, au nom de Jésus.*
4. *Merci, Père, de nous avoir donné le Saint-Esprit, l'esprit d'obéissance, qui nous permet de faire ta volonté, au nom de Jésus.*

### *Repentance et consécration :*

5. *Père, pardonne-nous pour chaque acte de désobéissance et de rébellion contre ta parole, au nom de Jésus.*

6. *Seigneur, nous nous repentons de l'obéissance tardive et partielle qui a bloqué nos bénédictions, au nom de Jésus.*
7. *Père, aie pitié de nous pour avoir fait nos propres plans sans rechercher ta direction, au nom de Jésus.*
8. *Seigneur, ôte toute dureté de cœur et donne-nous un cœur de chair qui trouve plaisir à faire ta volonté, au nom de Jésus.*
9. *Père, nous nous consacrons à nouveau, nous et nos familles, à te suivre pleinement, au nom de Jésus.*

**Obéissance et direction divine :**
10. *Seigneur, apprends-nous à obéir à tes instructions promptement et entièrement, au nom de Jésus.*
11. *Père, donne-nous le discernement pour reconnaître ta voix et la suivre sans crainte, au nom de Jésus.*
12. *Seigneur, aide-nous à ne pas nous comparer aux autres, mais à suivre ton plan unique pour nos vies, au nom de Jésus.*
13. *Père, aide-nous à te respecter et à suivre tes instructions, même si elles sont difficiles, au nom de Jésus.*
14. *Père, nous recevons la grâce de nous soumettre à l'ordre divin et d'attendre les saisons que tu as fixées, au nom de Jésus.*
15. *Seigneur, guide nos pas en tant que famille afin que nous puissions marcher dans ta volonté chaque jour, au nom de Jésus.*
16. *Père, que notre obéissance débloque des bénédictions générationnelles pour nos enfants et nos petits-enfants, au nom de Jésus !*

**Victoire sur la désobéissance et la rébellion :**
17. *Père, délivre-nous de l'esprit de désobéissance qui opère dans cette génération, au nom de Jésus.*
18. *Par le sang de Jésus, nous brisons tout joug de rébellion dans notre lignée familiale, au nom de Jésus.*
19. *Seigneur, fais taire toute voix qui nous pousse à nous éloigner de ta volonté, au nom de Jésus.*
20. *Père, baptise-nous de l'esprit d'obéissance pour vaincre la rébellion, au nom de Jésus.*
21. *Nous déclarons que la désobéissance ne ruinera pas la destinée de notre famille, au nom de Jésus.*

**Engagement familial et missions :**

22. Père, aide nos familles à bâtir des autels d'obéissance et de sainteté, au nom de Jésus.
23. Seigneur, fais de nos maisons des lieux où ta volonté est respectée par-dessus tout, au nom de Jésus.
24. Père, révèle à chaque membre de la famille sa mission divine et aide-le à l'accomplir, au nom de Jésus.
25. Seigneur, aide-nous à développer les dons et les talents que tu nous as donnés au lieu d'envier les autres, au nom de Jésus.
26. Que chaque membre de notre famille vive pour te glorifier par l'obéissance, au nom de Jésus.
27. Seigneur, que notre obéissance établisse des fondations solides de bénédiction pour les générations futures, au nom de Jésus.
28. Père, utilise l'obéissance de notre famille comme un témoignage pour les autres, au nom de Jésus.

## Obéissance coûteuse, mais gratifiante :
29. Père, donne-nous la force d'obéir même quand c'est douloureux, au nom de Jésus.
30. Seigneur, aide-nous à abandonner tout ce que tu nous demandes, sachant que tu le multiplieras, au nom de Jésus.
31. Père, que nos sacrifices d'obéissance ouvrent des portes à des bénédictions transgénérationnelles au nom de Jésus.
32. Seigneur, donne-nous la foi comme Abraham pour te faire confiance, même lorsque les instructions n'ont pas de sens, au nom de Jésus.
33. Père, donne-nous la force de t'obéir plutôt que de suivre la peur des hommes, au nom de Jésus.
34. Père, que notre obéissance soit le fondement d'une bénédiction qui nous suivra, au nom de Jésus.

## Arrêter les attaques sataniques
35. Père, coupe toute main de mort levée contre moi ou contre les membres de ma famille, au nom de Jésus.
36. Je me lève contre toute attaque organisée pour contrecarrer ma destinée, au nom de Jésus.
37. Père, que ta lumière expose tous les plans secrets contre moi, au nom de Jésus.
38. Les mains maléfiques levées contre moi s'assècheront, au nom de Jésus.
39. Que les yeux de mes ennemis s'ouvrent pour voir qui je suis en Christ, au nom de Jésus.

40. *Seigneur, revêts-moi de ta miséricorde et de ta faveur divine, au nom de Jésus.*
41. *Père, oins-moi pour que je prospère là où d'autres échouent, au nom de Jésus.*

**Déclarations prophétiques :**

42. *Ma vie ne sera pas dispersée par des tempêtes démoniaques, au nom de Jésus.*
43. *Nous déclarons que nos familles marcheront dans l'obéissance et jouiront de l'élévation divine, au nom de Jésus.*
44. *Nous prophétisons qu'aucun esprit de rébellion ne s'emparera de nos enfants, au nom de Jésus.*
45. *Nos foyers seront connus pour l'obéissance, la justice et la faveur divine, au nom de Jésus.*

**Le Cameroun :**

46. *Père, merci de préserver le Cameroun des défis et crises du passé, au nom de Jésus.*
47. *Pardonne à l'église là où nous avons été silencieux, passifs ou complices du mal, au nom de Jésus.*
48. *Que le sang de Jésus fasse miséricorde sur tout motif légal que l'ennemi utilise contre le Cameroun, au nom de Jésus.*
49. *Seigneur, nous répandons le sang de Jésus sur toutes les régions du Cameroun en cette période électorale, au nom de Jésus.*
50. *Envoie tes anges patrouiller nos frontières, nos villes et nos bureaux de vote, au nom de Jésus.*

Chapitre 4
Jours 10-12

# Élever des enfants pieux

*« Instruis l'enfant selon la voie qu'il doit suivre ; Et quand il sera vieux, il ne s'en détournera pas. » (Proverbes 22 : 6)*

Jan Blaustone, auteur du livre en anglais The Joy of Parenthood (la joie d'être parent), affirme : « La meilleure façon d'assurer son avenir est d'investir du temps dans ses enfants ». Cette affirmation corrobore l'adage selon lequel « les enfants sont les leaders de demain ». Cela signifie que si nous n'éduquons pas nos enfants aujourd'hui, l'avenir est en péril. Je connais des géants du monde des affaires dont les empires se sont effondrés après leur mort, car leurs enfants n'étaient pas préparés à perpétuer leur héritage. L'avenir d'une famille repose sur ses enfants. Si vous ne transmettez pas vos valeurs à vos enfants ou si vous ne leur apprenez pas à servir Dieu, alors votre famille n'aura pas d'avenir. Un véritable héritage familial réside dans les valeurs que nous transmettons à nos enfants.

Cher parent, négliger l'éducation de vos enfants, c'est mettre en péril l'avenir de votre famille, de votre communauté, de votre Église et de votre nation. Ne pas former ses enfants, c'est les priver de la destinée que Dieu leur a réservée. Une mère chrétienne a fait cette remarque un jour : *« Les enfants qui atteignent l'âge adulte avec des désirs indisciplinés et des passions incontrôlées suivront généralement des voies que Dieu condamne. »* Aujourd'hui, beaucoup servent le diable avec zèle, car personne ne les a guidés sur la voie du Seigneur ou ne leur a inculqué les valeurs d'une vie responsable lorsqu'ils étaient jeunes.

Toutes les grandes personnes qui réussissent aujourd'hui ont été encadrées et guidées par quelqu'un. Je suis profondément redevable à mes parents pour le temps et l'investissement qu'ils ont consacrés à mon éducation.

**Le meilleur moyen d'influencer vos enfants**
La façon la plus efficace d'influencer vos enfants est de vivre comme un véritable disciple de Christ sous leurs yeux - de modeler la vie que vous voulez qu'ils adoptent. Le Dr Mike Murdock affirme : *« Les enfants observent. Ils absorbent. Ils sont comme des récipients. Dans leurs oreilles, nous déposons la foi ou la peur, la victoire ou la défaite, la motivation ou la dépression. »*

Voici la leçon puissante que j'ai apprise de ma mère quand j'étais enfant : *« Agis toujours immédiatement sur toute nouvelle vérité spirituelle que tu découvres »*. Ce principe est devenu le pilier de ma croissance dans tous les domaines de la vie au fil des ans. J'aime lire pour découvrir de nouvelles idées qui peuvent améliorer ma vie. J'applique rapidement les nouvelles choses que j'apprends en lisant et en voyageant.

Le pasteur Nick Vujicic a un jour déclaré : *« Faites de votre mieux et Dieu fera le reste »*. En tant que parents, lorsque nous donnons vraiment le meilleur de nous-mêmes, nous exerçons une influence durable et pieuse sur la vie de nos enfants, pour la gloire de Dieu. Les recherches montrent régulièrement que les enfants dont les parents vivent activement leur foi chrétienne ont beaucoup plus de chances de devenir eux-mêmes des croyants engagés.[5] En revanche, les études révèlent que les enfants issus de foyers où les parents vont à l'église, sans pour autant faire preuve d'un engagement spirituel profond, ont beaucoup moins de chances de développer une foi authentique en Christ.[6]

**J'ai mangé de la salade pour la première fois**
Maman venait de rentrer de la retraite annuelle des femmes de la Mission du Plein Évangile du Cameroun, qui s'était déroulée cette année-là à Bamenda. Elle était revenue rayonnante de joie et débordante d'idées

nouvelles pour transformer notre vie familiale. Son enthousiasme était contagieux. On voyait qu'elle avait vraiment rencontré Dieu.

Sans perdre de temps, elle s'est mise à l'œuvre. « La retraite nous a appris qu'une famille qui prie *et qui mange ensemble* reste forte », a-t-elle dit à mon père avec conviction. « Il est temps que nous commencions à manger en famille. » Bien que nous ayons déjà pris l'habitude de prier et de lire la Bible ensemble chaque matin, les repas étaient une autre histoire. Papa mangeait seul sur la seule petite table de la maison, tandis que nous, les enfants, nous asseyions généralement par terre, dans la cuisine ou le salon. Je ne sais toujours pas où maman mangeait. Probablement dans la cuisine, tout en faisant plusieurs choses à la fois.

À notre grande surprise, papa a tout de suite accepté. « C'est logique », a-t-il dit en hochant la tête. « Je vais faire fabriquer une belle table à manger pour toute la famille. » Peu de temps après, un menuisier nous a livré une table en bois flambant neuve ainsi que des chaises assorties. Nous étions ravis, mais une surprise plus grande nous attendait. Ce soir-là, maman nous a annoncé, le sourire aux lèvres : « Aujourd'hui, je vais servir quelque chose de spécial : de la *salade !* » « De la salade ? », avons-nous répondu, confus. Nous n'en avions jamais entendu parler auparavant. Dans notre village, le chou n'était pas un légume de tous les jours, et encore moins de la laitue. On n'en avait jamais vu dans le village de Bechati. Pourtant, nous étions curieux.

Chacun d'entre nous prit place à la nouvelle table pour la première fois, regardant avec impatience maman servir des assiettes remplies de quelque chose de vert et de coloré. Nous avons pris nos cuillères, mêlant émerveillement et hésitation, puis nous avons avalé nos premières bouchées.

« C'est délicieux ! »

« Le goût est différent... mais agréable ! »

« Est-ce ce que les gens de la ville mangent ? »

Ce repas fut inoubliable. Depuis ce jour, chaque fois que maman trouvait du chou et les bons ingrédients, elle nous surprenait avec sa salade spéciale. Cette salade est devenue le symbole de quelque chose de bien plus qu'un simple repas. Elle a marqué un tournant dans notre foyer.

La passion de maman pour vivre la Parole de Dieu nous avait fait entrer dans un nouveau rythme de vie. Nous ne mangions pas seulement différemment, nous étions aussi plus unis en tant que famille, réunis autour d'une table pour partager de la nourriture, des rires et de l'amour. Une chose rare dans notre village, mais désormais un trésor dans notre maison.

### La seule bible géante du village

Lors d'un de leurs voyages à Bamenda, dans le cadre d'un programme de l'Église, mes parents ont reçu un enseignement puissant sur l'importance d'initier les enfants à la parole de Dieu dès leur plus jeune âge, notamment à travers des bibles illustrées. Profondément inspirés, ils n'ont pas hésité. Ils ont investi dans ce qui est devenu un trésor pour notre foyer : une bible illustrée géante. À ce jour, je n'ai pas vu de bible pour enfants plus grande que celle-là. C'était la seule de ce type dans toute notre communauté.

À une époque où aucun foyer ne possédait de téléviseur, cette bible est rapidement devenue l'attraction principale des enfants de notre quartier. Pendant les vacances, les enfants affluaient chez nous chaque jour, impatients de voir les illustrations vivantes et d'entendre les histoires qu'elles racontaient. Nous passions des heures à feuilleter les pages, allant de l'arche de Noé à David et Goliath, de la naissance de Jésus à ses miracles.

Avec du recul, je sais sans aucun doute que ce n'est pas une coïncidence si tous les membres de ma famille servent Dieu aujourd'hui. Cette Bible n'était pas un simple livre, c'était une graine. Nos parents avaient l'intention d'implanter la parole de Dieu dans nos cœurs dès notre plus jeune âge, et cette graine a continué de porter du fruit.

Il y a quelque temps, quelqu'un qui avait connu notre famille à l'époque et qui ne m'avait pas vu depuis plus de trente ans m'a dit : « Godson, il n'est pas surprenant que tu sois devenu pasteur. Tu as suivi la voie que tes parents t'ont tracée. » En effet, ils ont fait plus que nous parler de Dieu ; ils nous ont montré le chemin.

### Mes parents ne nous laissaient pas marcher n'importe comment

Mes parents étaient si déterminés à nous élever dans la piété qu'ils ne nous laissaient pas sortir de la maison. À l'époque, ma tante, qui avait vécu avec mes parents lorsque je suis né et s'était occupée de moi, voulait que je lui rende visite à Douala, au Cameroun, pendant les vacances d'été. Elle a essayé en vain, mais ils n'ont pas cédé. La raison pour laquelle ils ont refusé que j'aille passer les vacances avec elle va vous étonner. Ils ont dit que, puisqu'elle n'était pas mariée et qu'elle n'était pas croyante non plus, je serais exposé à plusieurs choses négatives qui pourraient me corrompre. Je ne suis allé passer du temps avec elle qu'après son mariage, alors que j'étais en « form two » (deuxième année) de l'école secondaire.

Des années plus tard, ils ont envoyé mon petit frère Daniel dans une famille à Bamenda pour qu'il y poursuive ses études secondaires. Lorsque le jeune homme est rentré à la maison après une année passée loin de ma famille, mes parents ont remarqué que l'environnement avait eu un impact négatif sur lui. Ils ont décidé de le retirer de Bamenda et il est retourné au village poursuivre ses études, auprès d'eux. Aujourd'hui, Daniel est titulaire d'un doctorat et notaire dans l'État du Texas, aux États-Unis. Il est également le fondateur de Restoration Heights Ministries, une organisation qui compte cinq églises au Nigéria.

Mes parents croyaient qu'il était nécessaire d'instaurer une relation solide avec Dieu avant toute autre chose. Il n'est donc pas surprenant que tous leurs enfants servent Dieu avec passion.

**Maman était stricte**

Elle était une adepte de la discipline stricte : ferme, vigilante et intentionnelle. Dans un village où de nombreux parents laissaient leurs enfants vagabonder librement et leur servaient même des boissons alcoolisées, ma mère se démarquait des autres. Elle disait clairement à tout le monde : « *Ne donnez jamais d'alcool à mes enfants. Pas même un avant-goût.* » *Certains de mes frères et sœurs n'ont jamais goûté à l'alcool.*

Maman veillait sur nous comme une mère poule protège ses poussins d'un faucon qui tourne autour d'elle. Nous n'allions pas n'importe où et ne faisions pas n'importe quoi ; nous vivions selon un programme. Elle surveillait nos faits et gestes, fixait des limites et veillait à ce que nous les respections. Les fauteurs de troubles de notre communauté savaient qu'ils ne devaient pas rôder autour de notre maison. Même s'il n'y avait pas de clôture physique, l'atmosphère qui régnait autour de notre maison était empreinte de discipline et de respect.

Nous étions six garçons et une fille, ainsi que d'autres enfants qui vivaient avec nous. Ma cousine Dorothy, la seule grande fille de la maison, était particulièrement protégée. Lorsqu'un garçon commençait à s'intéresser indûment à elle, maman prenait les choses en main. « Ne t'approche pas de ma fille, sinon tu auras des ennuis avec moi », disait-elle sans ambages. Ils n'osaient pas parce qu'ils la craignaient. Et Dorothy se sentait en sécurité.

Lorsque nous, les garçons, avons grandi, elle s'en est prise à une autre catégorie de personnes : les filles du quartier aux intentions douteuses. « Je te préviens », dit-elle hardiment à l'une d'entre elles : « si jamais je te vois tourner autour de mon fils, je m'occuperai de toi ! » Sa stature imposante et ses paroles ne laissaient personne indifférent.

Je me souviens d'un moment décisif, pendant l'une de mes vacances scolaires, alors que j'étais en Form two. J'étais allé jouer au ballon avec des amis sur le terrain près de chez nous. D'habitude, elle m'appelait au bout d'un moment : *« Godson ! Reviens à la maison ! »* Mais cette fois-ci, elle ne m'a pas appelé. J'ai joué aussi longtemps que je le voulais, puis je suis finalement rentré tout seul. Perplexe, je suis entré dans la cuisine où elle faisait à manger.

« Maman, lui ai-je demandé, pourquoi ne m'as-tu pas appelé comme tu le fais toujours ? Tu m'as laissé jouer jusqu'à ce que je rentre à la maison tout seul. »

Elle s'est retournée et m'a souri.

« Tu es en Form two maintenant », a-t-elle répondu doucement. « Tu grandis. Je veux voir si tu es capable de faire les bons choix. »

À ce moment-là, j'ai compris que toute sa discipline et sa surveillance constante n'étaient pas seulement un moyen de contrôle, mais aussi une forme de formation. Elle élevait des hommes, pas des garçons. Cette discipline intentionnelle a façonné le cours de nos vies.

Avec le recul, je remercie Dieu d'avoir eu une mère qui a su poser des limites, tenir bon et nous apprendre à vivre selon des principes pieux dans un monde plein de compromis.

## Des exemples dans notre foyer

À la maison, nous n'avons pas seulement entendu parler de la vie chrétienne, nous avons vu nos parents la vivre au quotidien. L'une des leçons que maman nous a apprises était son aversion profonde pour le mensonge. Elle détestait la malhonnêteté avec passion et s'est beaucoup investie pour nous apprendre à dire la vérité. Quand nous disions la vérité, même après avoir mal agi, elle était plus encline à nous pardonner. Ce principe a façonné nos cœurs dès notre plus jeune âge. Papa renforçait aussi cette règle par la phrase suivante : « *Dis la vérité et fais honte au diable.* » Il le répétait si souvent que c'était devenu un chant entre nous les enfants. Les enfants de l'école primaire où il enseignait l'avaient surnommé « dis la vérité et fais honte au diable ». Dire la vérité n'était pas simplement une règle dans notre maison ; c'était un mode de vie.

Nous avions un autel familial fort. Chaque matin, avant de sortir, nous nous réunissions pour prier et méditer la parole de Dieu. Certains jours, nous jeûnions même ensemble. Pendant ces moments, nos parents nous imposaient les mains et priaient pour chacun d'entre nous. Les weekends, surtout le samedi et le dimanche, papa nous encourageait à rencontrer Dieu personnellement. Cette habitude perdure dans ma maison jusqu'à ce jour.

L'une des choses qui m'ont le plus marquée en grandissant était la façon dont mon père aimait et honorait sa femme. Leur mariage a profondément influencé le mien. Ils ont célébré leur 50e anniversaire de mariage en décembre 2020, et j'admire toujours leur complicité. J'ai appris de mon père comment prendre soin de ma femme au quotidien. Il achetait tout à notre maman : des vêtements, des chaussures, des sacs à main, des parfums, des bijoux, et même des sous-vêtements. Grâce à cet exemple, j'éprouve également du plaisir à faire des achats pour mon épouse, sans honte aucune. Certains hommes s'abstiennent d'acheter des affaires personnelles à leurs épouses; mais moi, je le fais parce que j'ai vu mon père le faire avec fierté.

Papa et maman nous ont aussi appris comment gérer un foyer avec sagesse, même avec un seul revenu. Papa était un humble enseignant d'école primaire. Maman soutenait la famille avec un petit business. Leur stratégie était simple, mais efficace : à la fin du mois, papa utilisait son salaire pour acheter de la nourriture en grande quantité, que maman revendait ensuite. Le bénéfice était utilisé pour subvenir aux besoins de la famille et payer les frais de scolarité.

Ce travail d'équipe a été une leçon puissante. Aujourd'hui, mon épouse et moi gérons notre foyer et nos finances ensemble. Elle joue le rôle de comptable et de trésorière de notre famille et nous fonctionnons comme une équipe, tout comme mes parents. Les résultats parlent d'eux-mêmes.

## Les dernières paroles de maman Maku

Maman Maku était ma grand-mère. Elle est décédée en 1954. Elle était l'une des centaines de femmes du défunt Fon Lekunze Nembongwe II, chef de la chefferie Bamumbu dans l'arrondissement de Wabane, dans la région du Sud-Ouest du Cameroun. À sa mort, elle n'avait qu'un seul enfant : mon père. Il n'avait que quatorze ans lorsqu'elle est décédée.

Avant sa mort, elle lui a laissé ces paroles inoubliables : « Je te laisse sans frère ni sœur. Tes frères, ta femme, ton avenir - tout ce dont tu auras besoin dans la vie te viendra de l'école. Alors, va à l'école et sois sérieux. » Notre père nous a raconté que ces paroles l'avaient transpercé le cœur. Ce jour-là, il s'est juré de se consacrer entièrement à son éducation et de faire tout son possible pour offrir la meilleure éducation possible à ses enfants.

Ce vœu est devenu sa mission de vie. Avec ma mère, il travaillait sans relâche, faisant des efforts et des sacrifices pour nous envoyer dans les écoles les plus prestigieuses de la région du Sud-Ouest à l'époque, comme Seat of Wisdom College, à Fontem. Ce n'était pas rien. Ils travaillaient dur pour nous envoyer dans cette institution de renom. Et pour cette raison, j'honore et salue profondément leur dévotion inébranlable.

Aujourd'hui, mes écrits bénissent des gens à travers le monde. Cependant, les semences de cet impact furent plantées dans les salles de classe, durant mes années de formation à Seat of Wisdom College. Ce que vous investissez dans l'éducation d'un enfant détermine jusqu'où il peut aller. Inspiré par les dernières paroles de ma grand-mère et par la dévotion de mes parents, j'ai pris le même engagement : donner la meilleure éducation possible à mes enfants. Et par la grâce de Dieu, je le fais.

## Les familles qui ont prospéré grâce à une éducation pieuse

Plusieurs familles ont prospéré parce que les parents ont délibérément élevé leurs enfants dans la crainte de l'Éternel et ont fondé leur éducation sur la parole de Dieu. Leurs histoires doivent vous inspirer à vous engager à élever vos enfants pour qu'ils deviennent des porteurs de bénédictions et des desseins de Dieu.

### 1. La famille d'Abraham

Abraham apprit à Isaac à faire confiance et à obéir à Dieu (Genèse 22). Isaac transféra la bénédiction à Jacob et Ésaü (Genèse 27) ; les douze fils de Jacob devinrent les douze tribus d'Israël. Grâce à l'obéissance d'Abraham et à ses enseignements intentionnels, Dieu déclara ;

> *« Car je l'ai choisi, afin qu'il ordonne à ses fils et à sa maison après lui de garder la voie de l'Éternel… » (Genèse 18 : 19).*

L'obéissance d'Abraham a établi une alliance générationnelle qui continue d'influencer le monde jusqu'à aujourd'hui.

Vous rendez-vous compte que chaque acte d'obéissance, même s'il est coûteux, plante une semence de bénédictions générationnelles dans votre famille ? Mon père, dont la famille se moquait autrefois parce qu'il suivait Christ, est maintenant admiré par la même famille. Lors d'un évènement familial récent, l'un de mes oncles a déclaré ouvertement : *« Pa Abraham, plusieurs d'entre nous t'admirent et veulent ce que tu as »*. C'est la bénédiction de Dieu qui parle dans ma famille.

### 2. La famille de Loïs, Eunice et Timothée

Loïs (la grand-mère) et Eunice (la mère) ont élevé Timothée dans la foi. Elles lui ont enseigné les Écritures « depuis l'enfance ». Leur foi authentique a préparé Timothée à devenir l'un des plus proches compagnons de Paul et un dirigeant respecté de l'Église primitive.

> *« Je garde en effet le souvenir de la foi sincère qui est en toi. Elle a d'abord habité ta grand-mère Loïs et ta mère Eunice, et … habite aussi en toi. » (2 Timothée 1 : 5)*

C'est un exemple typique du discipolat générationnel qui conduit à un ministère productif.

Les enfants bien éduqués dans la famille deviennent en effet des ministres potentiels dans la maison de Dieu.

Aujourd'hui, nous sommes tous des ministres, à différents titres, et nous influençons cette génération grâce à la foi sincère que nos parents nous ont transmise. Préparez donc vos enfants maintenant à devenir des ambassadeurs du royaume où que Dieu les positionne.

## 3. La famille Wesley (1669-1742)

Susanna Wesley, surnommée la « mère du méthodisme », a élevé 19 enfants, parmi lesquels John et Charles Wesley, que Dieu a grandement utilisés pour déclencher en Angleterre le réveil qui a conduit à la formation du mouvement méthodiste et qui a impacté des millions de personnes. Elle éduquait ses enfants à la maison, les instruisant dans les Écritures, la prière, la discipline et l'adoration. Elle utilisait la prière comme unique moyen pour se connecter à Dieu en dépit de ses occupations quotidiennes. Elle se couvrait la tête avec son tablier pour créer un « coin de prière », un espace privé où elle pouvait se concentrer pour prier pour ses enfants, son mari et les besoins de la famille. Cet acte, connu sous le nom de « prières du tablier », était le symbole de son engagement à la prière et envoyait un message clair à ses enfants, signifiant qu'elle avait besoin d'un moment ininterrompu avec Dieu. Un jour, elle dit : *« je me contente de remplir un petit espace, si Dieu veut se glorifier »*. Sa discipline personnelle a produit un réveil public à travers ses fils.

Mes parents doivent être remplis de joie aujourd'hui quand ils me voient exercer mon ministère avec puissance, et voyant de près ce que Dieu fait à travers les vies de leurs enfants. J'écris ce livre pour vous encourager, chers parents : restez fidèles sur le chemin de la piété. Continuez d'investir dans l'éducation de vos enfants selon le modèle de Dieu. Votre travail n'est pas vain. Dieu les bénira et les utilisera pour influencer leur génération. Ne soyez pas tenté d'abandonner ou de prendre des raccourcis face aux défis. Gardez le cap. Faites-le comme Dieu le demande et le Ciel vous soutiendra.

## 4. La famille de Billy Graham

L'évangéliste Billy Graham et sa femme, Ruth, tous deux décédés, ont élevé leurs enfants avec un amour profond de la Bible et l'engagement au service chrétien. Leur fils, Franklin Graham, dirige maintenant **« la Bourse du Samaritain »** et continue l'œuvre d'évangélisation dans le monde. Un jour, le Dr Billy Graham a dit : « Un bon père est celui qui est le moins chanté, le moins loué, le moins remarqué. Cependant, le bien le plus précieux dans notre société. » Son héritage familial a influencé des millions d'âmes au cours des générations.

## 5. Newton (1643–1727)

Il développa la loi de l'inertie et le théorème universel de la gravitation. Newton fut élevé dans une famille chrétienne et resta un croyant dévoué toute sa vie. Il a étudié la Bible de manière extensive et a écrit sur la théologie plus qu'il ne l'a fait sur la science. Il croyait que les découvertes scientifiques étaient un moyen de comprendre la création de Dieu. Il a affirmé : « *Ce plus beau système du soleil, les planètes et les comètes ne pouvait émaner que du conseil et de la domination d'un Être intelligent et puissant.* »

## 6. Michael Faraday (1791–1867)

Il a posé les fondations de l'électromagnétisme et de l'électrochimie. Faraday est né dans un foyer ancré dans le christianisme et était membre de l'*Église Sandémanienne*, une secte chrétienne qui préconisait de vivre par les Écritures. Sa foi a façonné son humilité, sa discipline et sa dévotion à la vérité. Il refusait de travailler le dimanche et considérait son œuvre scientifique comme une forme d'adoration. Il affirma : « *le livre de la nature que nous avons lu a été écrit par le doigt de Dieu* ».

### Certaines familles ont créé des instruments de destruction

Au cours de l'histoire, certains des dictateurs et tyrans les plus impitoyables du monde ont été formés non seulement par la politique et les idéologies, mais aussi par la rupture de leur environnement familial durant leur petite enfance. Leur enfance a été marquée par des abus, de la négligence, de la violence ou de l'abandon. Ces facteurs ont fortement influencé leur vision du monde et leur développement émotionnel. Ces hommes, autrefois des enfants vulnérables, sont éventuellement devenus des instruments de destruction, causant des douleurs inimaginables à leurs nations et à leurs générations.

### 1. Adolf Hitler – *Détruit par le conflit et la négligence émotionnelle*

Adolf Hitler, leader de l'Allemagne Nazie et l'architecte de l'Holocauste, a grandi dans un foyer grandement troublé. Son père, Alois Hitler, était un homme strict et dominateur qui abusait de lui physiquement. Sa mère, Klara, bien qu'affectueuse, était émotionnellement dépassée et distante. Cet environnement instable a semé des graines de ressentiment, d'instabilité et de haine dans le jeune Adolf. Son incapacité à accepter le rejet et l'échec, ajoutée au manque d'épanouissement affectif, a posé la fondation de son idéologie radicale et ses politiques génocidaires. Les blessures émotionnelles d'Hitler ont alimenté ses ambitions destructrices.

### 2. Joseph Staline – *Façonné par l'abus et la survie*

Né à Ioseb Jughashvili, Staline est devenu un dirigeant brutal de l'Union soviétique, responsable de la mort de millions de personnes par les purges, les famines forcées et les goulags. Ses premières années en Géorgie ont été difficiles. Son père était un alcoolique violent qui le battait et qui a abandonné la famille alors que Staline était encore jeune. Sa mère, quoique religieuse et déterminée, l'a élevé dans la pauvreté. Staline a alors développé un cœur dur, une mentalité de survivant et un profond manque de confiance profond envers les autres : des traits de caractère qui sont devenus essentiels pour son style de gouvernance impitoyable.

### 3. Benito Mussolini – *la rébellion née à la maison*

Le dictateur fasciste italien Benito Mussolini a été élevé dans un foyer chaotique. Son père, un socialiste radical et un ivrogne instable, était un mauvais exemple et un modèle de discipline déficient. La colère, la rébellion et les difficultés scolaires ont marqué les premières années de la vie de Mussolini. Il a été renvoyé de plusieurs écoles à cause de son comportement violent. Au lieu d'être éduqué et guidé, ses tendances agressives n'ont pas été canalisées. Ces traits de caractère vont se manifester plus tard dans le régime oppressant et militarisé qu'il a instauré, plongeant l'Italie dans la guerre et le chaos.

### 4. Saddam Hussein – *l'abandon et la colère*

Saddam Hussein, l'ancien président irakien, a eu une enfance marquée par le rejet et la violence. Son père est soit mort, soit a abandonné la famille avant sa naissance. Sa mère, incapable de s'occuper de lui, l'a envoyé vivre avec un oncle brutal et abusif. Ayant grandi dans la pauvreté et l'isolement, Saddam Hussein a développé une colère très profonde et son envie pour le pouvoir et le contrôle. Ces blessures d'enfance se transformeront plus tard en une dictature marquée par la peur, les exécutions, la guerre et la répression.

### 5. Jean-Bédel Bokassa – *devenu orphelin à cause de la violence et la douleur*

Bokassa, qui s'est plus tard couronné empereur de la République centrafricaine, eu une enfance marquée par le traumatisme. En 1927, les autorités coloniales françaises, qui considéraient son père comme un rebelle, l'ont publiquement battu à mort sur la place publique de Mbaïki. Une semaine plus tard, sa mère, dévastée par la douleur, s'est suicidée. À l'âge de six ans, il est devenu orphelin, abandonné seul pour affronter la vie. Ce traumatisme dans sa jeunesse a contribué à son règne de terreur ultérieur, marqué par une brutalité extrême, la corruption et des illusions de grandeur.

Nous avons appris que l'éducation pieuse des enfants a un impact transgénérationnel très positif. Lorsque les enfants sont éduqués dans la crainte dans la crainte de l'Éternel, ils ne réussissent pas seulement sur le plan individuel, mais ils deviennent aussi des vases de bénédiction de Dieu pour le monde.

*« Les fils de tes serviteurs habiteront leur pays, et leur postérité s'affermira devant toi. » (Psaumes 102 : 29)*

Nous avons aussi appris que les enfants qui grandissent dans des environnements de négligence, d'abus ou de violence sont généralement prédisposés à devenir des instruments de destruction, détruisant leurs familles et leurs communautés.

Alors, la question vitale est la suivante : « comment éduquez-vous les enfants que Dieu vous a confiés ? » Les formez-vous délibérément pour qu'ils deviennent des vases dans les mains de Dieu, ou, inconsciemment, les laissez-vous devenir des instruments destructifs entre les mains de l'ennemi ? Vous pouvez choisir de faire la différence dès aujourd'hui. Éduquez-les selon les voies de Dieu et léguez-leur un héritage de bénédiction.

### Éduquons nos enfants pour qu'ils réussissent

Nous devons être déterminés à assurer à nos enfants une éducation qui leur permettra de réussir. Mais le véritable succès, selon Dieu, va bien au-delà de l'excellence académique, de la richesse ou de la popularité. Il s'agit de marcher selon le dessein de Dieu, de le glorifier et d'impacter les autres par la vérité et l'amour. Élever des enfants qui réussissent selon les normes de Dieu, c'est les élever pour qu'ils vivent une vie enracinée dans sa parole, guidée par sa sagesse et pleinement abandonnée à sa volonté.

Voici quatre principes clés pour y parvenir :

## 1. Enseignez-leur à craindre et à connaître le Seigneur

*« La crainte de l'Éternel est le commencement de la sagesse, et la connaissance du Saint est l'intelligence. » (Proverbes 9 : 10 JND).*

Une éducation pieuse commence par le fait d'inculquer la crainte de l'Éternel à nos enfants. Dans ce contexte, la crainte du Seigneur renvoie à une profonde révérence et un profond respect pour Dieu qui conduisent à l'obéissance. La vraie sagesse commence lorsque les enfants comprennent qui est Dieu et ce qu'il attend d'eux.

Timothée était un jeune homme qui est devenu un prédicateur puissant et un disciple de Paul. Sa fondation spirituelle a été posée par sa mère, Eunice, et sa grand-mère, Loïs (2 Timothée 1 : 5). Elles lui ont enseigné les Écritures dès son enfance (2 Timothée 3 : 15), ce qui ancra son succès dans le ministère.

J'ai lu l'histoire de Jonathan Edwards, l'un des esprits les plus brillants de l'histoire américaine. Éminent philosophe, théologien et pasteur congrégationaliste américain du XVIIIe siècle, il a joué un rôle clé dans le Grand Réveil, un mouvement important de réveil religieux. Il était connu pour ses sermons puissants, notamment « Les pécheurs entre les mains d'un Dieu en colère ». Jonathan a été élevé par des parents pieux qui accordaient la priorité à l'étude de la Bible, aux dévotions familiales et à la discipline. Ses descendants comprenaient des pasteurs, des présidents d'université et des hommes d'État, prouvant ainsi que la formation spirituelle produit des résultats durables.

Billy Graham a d'ailleurs dit à juste titre : *« Le plus grand héritage que l'on puisse transmettre à ses enfants n'est pas l'argent ou d'autres choses matérielles... mais plutôt un héritage de caractère et de foi. »* Il ne suffit pas d'envoyer vos enfants dans les meilleures écoles ; assurez-vous de leur enseigner la crainte de Dieu.

Au fil des ans, j'ai entendu ma femme prier continuellement pour ses enfants avec ces termes : « Ô Dieu, occupe le cœur de mes enfants et fais qu'ils te craignent et marchent dans tes voies. » Si vous priez sincèrement pour vos enfants et que vous vivez devant eux dans la crainte de Dieu, ils seront influencés positivement. Faites de votre mieux et laissez Dieu faire le reste.

## 2. Bâtissez leur caractère avant leur carrière

Alors que les écoles mettent l'accent sur les performances scolaires et la préparation à la carrière, les parents chrétiens doivent avoir pour priorité de forger le caractère de leurs enfants. Pourquoi ? Parce que le caractère façonne le destin. Le talent peut assurer à votre enfant un emploi prestigieux, mais c'est le caractère qui l'aidera à le conserver.

Prenons l'exemple d'un cas récent survenu dans une ville du Cameroun : le fils d'un gouverneur a été nommé sous-préfet grâce à l'influence de son père. Cependant, il a rapidement été démis de ses fonctions après être devenu une nuisance publique, fumant ouvertement de la marijuana et ayant même agressé un chef de village. Son manque de caractère lui a coûté l'opportunité que lui offrait son statut.

Le caractère est la force de votre personnalité. Concentrez-vous à le développer. Proverbes 22 : 6 avertit les parents à ce sujet :

*« Instruis l'enfant selon la voie qu'il doit suivre ; Et quand il sera vieux, il ne s'en détournera pas. »*

« Instruis » dans ce passage est le mot hébreu « Chanak », qui signifie « dédier, inaugurer, initier ou discipliner ». Il s'agit simplement de guider le développement d'un enfant vers la piété, par l'instruction divine (Deutéronome 6 : 6-7), l'exemple (Proverbes 20 : 7) et la discipline (Hébreux 12 : 7-11). En d'autres termes, donnez une direction morale et spirituelle à votre enfant. Pour que cela soit efficace, cela doit devenir le mode de vie de votre foyer.

L'intégrité, l'humilité, la persévérance, le respect et la maîtrise de soi sont des vertus qui permettent à un enfant de réussir aux yeux de Dieu et des hommes. Daniel était un jeune homme au caractère noble. Bien qu'il se trouvât dans un pays étranger, il a refusé de se souiller (Daniel 1:8). En raison de son intégrité et de son dévouement, Dieu lui a donné une connaissance et une sagesse supérieures à celles de ses pairs. Il a servi en tant que haut fonctionnaire sous différents régimes à Babylone.

Selon une étude de 2015 publiée dans la revue « Child Development », les enfants qui apprennent la maîtrise de soi et la responsabilité dès leur plus jeune âge obtiennent de meilleurs résultats scolaires et ont des relations plus saines à l'âge adulte.[7] La meilleure éducation sans caractère est un désastre. Donnez donc la priorité au développement du caractère de vos enfants avant tout.

Les premières années de la vie d'un enfant sont cruciales. Les parents doivent être présents et déterminés à éduquer leurs enfants. J'ai choisi de ne pas envoyer les miens dans un internat parce que je voulais façonner leur caractère à la maison. Je suis satisfait des résultats que je vois aujourd'hui. Faites tout ce que vous pouvez pour les guider et les élever avant de les laisser prendre leur envol, comme le font les aigles. Les écoles ne bâtiront pas le caractère de votre enfant ; c'est votre responsabilité. C.S. Lewis a dit : *« L'éducation sans valeurs, aussi utile soit-elle, semble plutôt faire de l'homme un diable plus intelligent. »*

## 3. Privilégiez le dessein au prestige

De nombreux parents poussent leurs enfants vers des carrières se basant sur l'argent, le prestige ou l'approbation sociale. Mais Dieu définit le succès comme l'accomplissement de son dessein, qui est de faire ce pour quoi il nous a créés. Proverbes 22 : 6 dit : « Instruis l'enfant selon la voie qu'il doit suivre. » En hébreu, cela signifie « selon sa voie ». Cela implique que chaque enfant a donc une voie unique, tracée par Dieu. En tant que parents, nous sommes appelés à découvrir cette voie et à guider nos enfants en conséquence.

Malheureusement, lorsque les parents ignorent le dessein de Dieu et obligent les enfants à suivre des chemins qui semblent mener à la réussite, les conséquences peuvent être tragiques. Un jour, une sage-femme a partagé sur les ondes de la radio nationale camerounaise, l'histoire d'un médecin frustré à l'hôpital central de Yaoundé. Une nuit, alors qu'elle était de service avec lui, un accouchement compliqué a nécessité une assistance urgente. Après avoir l'appelé au téléphone à plusieurs reprises sans réponse, elle est allée à son bureau et l'a trouvé assis en silence, regardant fixement dans le vide.

Surprise, elle lui demanda : « Docteur, pourquoi n'avez-vous pas répondu au téléphone ? »
Il pointa du doigt le réfrigérateur. À l'intérieur se trouvait le téléphone du bureau. Puis il dit tranquillement : *« J'avais dit à mon père que je ne voulais pas être médecin. Je déteste ce travail. J'ai fini. »*
Il a ensuite démissionné, est allé en Grande-Bretagne et est devenu comptable, sa véritable passion.

Éphésiens 2 : 10 nous rappelle que nous sommes l'ouvrage de Dieu, ayant été créés pour accomplir des œuvres spécifiques qu'il a préparées à l'avance. Chaque enfant a une mission divine. En tant que parents, nous devons les aider à découvrir leurs dons et à aligner leur éducation et leur formation sur le plan de Dieu, non pas pour la gloire personnelle, mais pour avoir un impact dans le royaume.

Le vrai succès ne réside pas toujours dans un voyage à l'étranger. Certaines des personnes les plus riches du monde sont des agricultrices. Le Cameroun est prophétiquement positionné pour nourrir les nations. Alors que les expatriés reviennent investir dans l'agriculture, de nombreux jeunes camerounais poursuivent leurs rêves à l'étranger.
Ne suivez pas la foule. Suivez le dessein de Dieu.

Chaque enfant devrait apprendre un métier. Selon le Talmud et la tradition juive, un père est tenu d'enseigner à son fils la Torah (les Écritures), un métier, ainsi que la natation. Ces responsabilités garantissent que l'enfant est préparé à la fois pour la vie spirituelle et pour la vie pratique. L'accent mis sur le développement moral parallèlement à l'acquisition de compétences pratiques permet de former des individus qui sont à la fois ancrés dans l'éthique et compétents sur le plan fonctionnel.[8]

Vous pouvez faire de même pour vos enfants. C'est ce que je fais pour les miens. Chacun d'entre eux doit développer un métier en plus de leurs études. Certains d'entre eux gagnent de l'argent pendant qu'ils sont encore à l'école. Découvrez également les talents de votre famille et aidez-les à les développer. Affinez ce que vos parents ont commencé. Le véritable héritage se crée lorsque le dessein est préservé et transmis. C'est le chemin vers les bénédictions familiales.

## 4. Démontrez ce que vous voulez multiplier

Les enfants apprennent plus en regardant qu'en écoutant. Votre vie est la première Bible que vos enfants liront. Si vous voulez qu'ils mènent une vie centrée sur Dieu et axée sur un but, montrez l'exemple au quotidien. Si vous voulez que les membres de votre famille suivent Jésus-Christ que vous prétendez connaître, soyez un chrétien pratiquant qui vit et aime comme le Christ.

Paul a dit :

*« Suivez mon exemple, comme je suis l'exemple du Christ »* **(1 Corinthiens 11 : 1, BFC).** Le mot grec pour « exemple » est *« mimetes »*, d'où nous obtenons le mot français *mimique*. Cela signifie un *imitateur ou quelqu'un qui suit le mode de vie d'un autre*. Dans Éphésiens 5 : 1, Paul exhorte les Éphésiens : *« Soyez des imitateurs de Dieu, comme des enfants bien-aimés. »*

Jésus lui-même a montré l'exemple en suivant ce principe. Dans Jean 5 : 19, Il dit :

*« ... le Fils ne peut rien faire de lui-même, il ne fait que ce qu'il voit faire au Père ; »* Même Christ a été formé en observant le Père. C'est la modélisation divine.

Si vous voulez que vos enfants et les membres de votre famille prient, laissez-les vous voir prier. Si vous voulez qu'ils aiment les Écritures, pardonnent aux autres ou vivent avec intégrité, exercez d'abord ces actions. N'enseignez pas seulement la justice ; *démontrez-la*. Billy Graham a raconté une fois comment la prière et l'étude biblique constantes de ses parents ont établi les bases de sa foi. Aujourd'hui, ses enfants et petits-enfants poursuivent le ministère, preuve d'un héritage modelé.

Quelqu'un a dit : « Les enfants sont de grands imitateurs. Alors, donnez-leur quelque chose de génial à imiter. » Ce que vous **vivez**, et pas seulement ce que vous dites, se multipliera chez vos enfants. Commencez par être l'exemple que vous voulez qu'ils suivent.

Souvent, je prie pour que Dieu m'aide à être humble et simple, comme mon père. C'est un homme de paix. Je ne l'ai jamais vu se disputer avec quelqu'un. Il sert tout le monde et préfère qu'on le trompe plutôt que de se battre pour ses droits. Son amour pour le Christ est authentique.

Il reflète le chrétien que je voudrais être. Je veux être comme lui. Il est mon meilleur exemple.

Vos enfants désirent-ils aimer Dieu comme vous ? Votre vie est un message pour eux.

## Un appel à une éducation intentionnelle des enfants

Élever des enfants qui réussissent selon la volonté de Dieu ne se fait pas par hasard ; cela nécessite la prière, de la planification et un but. Il s'agit d'élever des enfants qui brilleront comme des lumières dans un monde sombre, qui seront des leaders intègres et qui porteront les desseins de Dieu dans toutes les sphères de la société.

Ne cherchez pas seulement à ce que vos enfants réussissent dans le monde. Votre objectif doit être qu'ils accomplissent le dessein de Dieu pour leur vie. C'est là le vrai succès. Quand je venais de me marier, je faisais souvent cette prière avec ma femme : « Père, ne me donne pas d'enfant qui finirait en enfer. » Mon rêve pour ma famille est de voir chacun d'eux servir Dieu à travers ses talents et ses dons. Comme l'apôtre Jean :

*« Je n'ai pas de plus grande joie que d'apprendre que mes enfants marchent dans la vérité. » (3 Jean 1 : 4)*

## SUJETS DE PRIÈRE
### Actions de grâce
1. *Père, je te remercie pour les enfants qui sont un héritage et une bénédiction de toi, au nom de Jésus.*
2. *Merci Seigneur, pour les exemples de parents pieux qui nous inspirent à élever nos enfants dans tes voies, au nom de Jésus.*
3. *Père, je te remercie pour la semence de la vérité et les valeurs déjà semées dans mes enfants, au nom de Jésus.*
4. *Seigneur, je te remercie pour ta promesse selon laquelle, si nous instruisons nos enfants dans tes voies, ils ne s'en n'éloigneront pas, au nom de Jésus.*

### Repentance et abandon
5. *Père, pardonne-moi pour chaque fois que j'ai négligé mes responsabilités d'éduquer mes enfants dans la piété, au nom de Jésus.*
6. *Seigneur, aie pitié de moi pour avoir accordé plus de priorité au succès qu'à la fondation spirituelle de mes enfants, au nom de Jésus.*

7. Je me repens d'avoir exposé ma famille aux influences malsaines consciemment ou inconsciemment, au nom de Jésus.
8. Père, je t'abandonne à nouveau ma famille ; que notre foyer reflète ton royaume, au nom de Jésus.

### Élever les enfants dans la parole de Dieu :
9. Seigneur, aide ma famille et moi à demeurer avec plaisir dans ta parole au quotidien, au nom de Jésus.
10. Père, donne à mes enfants la faim et la soif pour les Écritures dès leur jeune âge, au nom de Jésus.
11. Je déclare que mes enfants marcheront dans la vérité tous les jours de leur vie, au nom de Jésus.
12. Seigneur, suscite mes enfants pour qu'ils deviennent des témoins de l'Évangile partout où ils iront, au nom de Jésus.
13. Que la semence de la parole de Dieu plantée dans ma famille porte du fruit qui va durer des générations, au nom de Jésus.

### Le caractère et la discipline :
14. Père, aide-moi à inculquer la discipline et les valeurs pieuses en mes enfants, au nom de Jésus.
15. Seigneur, que l'intégrité, l'humilité et la vérité deviennent le fondement de ma famille, au nom de Jésus.
16. Je rejette tout esprit de rébellion, de malhonnêteté et de désobéissance en mes enfants, au nom de Jésus.
17. Père, aide-moi à équilibrer l'amour et la fermeté pendant que j'éduque mes enfants, au nom de Jésus.
18. Je décrète que mes enfants seront des hommes et des femmes de caractère qui glorifient Dieu, au nom de Jésus.

### Le dessein et la destinée :
19. Seigneur, révèle-moi l'appel et la destinée spécifique de chacun de mes enfants, au nom de Jésus.
20. Seigneur, aide-moi à cultiver les dons et les aptitudes que tu as confiées à mes enfants, au nom de Jésus.
21. On ne forcera pas mes enfants à suivre un mauvais chemin, mais ils marcheront sur la voie que Dieu a ordonnée, au nom de Jésus.
22. Père, aligne l'éducation et la formation de mes enfants à leurs devoirs divins, au nom de Jésus.

23. Père, aide mes enfants à être des vases d'honneur et à accomplir leurs destinées, au nom de Jésus.

### *La protection et la préservation :*
24. Seigneur, protège mes enfants des influences négatives, la mauvaise compagnie et les environnements malsains, au nom de Jésus.
25. Père, protège mes enfants des addictions, la mort prématurée et les attaques démoniaques, au nom de Jésus.
26. Que tout plan démoniaque pour dérailler la destinée de mes enfants soit détruit, au nom de Jésus.
27. Père, libère tes anges pour veiller sur mes enfants jour et nuit, au nom de Jésus.

### *L'unité de la famille et l'exemple :*
28. Seigneur, fais de ma famille un modèle d'amour, de vérité et de piété pour les autres, au nom de Jésus.
29. Que ma vie soit un exemple qui inspire mes enfants à suivre Christ, au nom de Jésus.
30. Père, aide mon époux(se) et moi à marcher dans l'unité pendant que nous élevons nos enfants, au nom de Jésus.
31. Seigneur, guéris toute relation brisée entre les parents et leurs enfants dans ma famille, au nom de Jésus.
32. Que ma maison soit toujours une atmosphère de prière, d'adoration et d'amour, au nom de Jésus.

### *L'impact et les bénédictions générationnelles :*
33. Père, que mes enfants s'élèvent comme des lumières dans leur génération, au nom de Jésus.
34. Père, fais de ma famille un canal de bénédiction pour notre communauté, au nom de Jésus.
35. Père, que mes enfants grandissent et soient capables de fonder des familles pieuses qui vont perpétuer cet héritage, au nom de Jésus.
36. Père, que la bénédiction d'Abraham soit manifeste dans ma famille, au nom de Jésus.
37. Nous recevons les bénédictions sacerdotales sur notre famille, au nom de Jésus.
38. Que toute semence que notre famille a semée produise une moisson abondante, au nom de Jésus.
39. Nos dîmes et nos offrandes béniront notre maison tout entière, au nom de Jésus.

**Déclarations prophétiques :**

40. Mes enfants influenceront les nations par leur sagesse, la vérité et leur droiture, au nom de Jésus.
41. Je décrète que mes enfants vont me surpasser dans leur impact et leur service pour le royaume, au nom de Jésus.
42. Ma famille ne produira pas des instruments de destruction, mais des porteurs de la gloire de Dieu, au nom de Jésus.
43. La bénédiction d'Abraham coulera dans ma lignée, au nom de Jésus.
44. Je déclare que le Seigneur enseignera mes enfants et leur paix sera grande, au nom de Jésus.
45. Je déclare qu'aucun membre de ma famille ne s'écartera de la foi, au nom de Jésus.

**Le Cameroun :**

46. Nous déclarons qu'aucun mal ne s'étendra du nord, sud, de l'est ou l'ouest, au nom de Jésus.
47. Seigneur, protège les citoyens innocents de balles perdues, du chaos ou des turbulences politiques, au nom de Jésus.
48. Nous décrétons la sécurité divine pour les enfants, les femmes et les groupes de personnes vulnérables pendant la saison, au nom de Jésus.
49. Père, suscite des dirigeants qui aiment la justice et haïssent l'oppression, au nom de Jésus.
50. Que la justice exalte notre nation une fois de plus et que le péché soit ôté, au nom de Jésus.

Chapitre 5
Jours 13-15

# Intégrité financière et travail acharné

*« Le juste marche dans son intégrité ; Heureux ses enfants après lui ! » (Proverbes 20 : 7)*

L'intégrité et le travail acharné sont deux fondements inébranlables d'une famille bénie. À une époque où l'on célèbre les raccourcis, la corruption et le matérialisme, fonder un foyer ou une famille enracinée dans l'honnêteté et la diligence est à la fois biblique et contre-culturel. Ces vertus ne sont pas de simples idéaux moraux, ce sont des principes divins qui perpétuent les bénédictions générationnelles.

Une famille bénie ne se définit pas simplement par sa richesse, mais par la paix, l'héritage et la faveur divine, des fruits qui poussent sur l'arbre de l'intégrité. La Bible parle clairement de cette vérité :

*« Le juste marche dans son intégrité ; Heureux ses enfants après lui ! » (Proverbes 20 : 7)*

Étudions ce verset dans d'autres versions.

- *« Le juste qui marche dans l'intégrité et mène une vie en accord avec ses croyances [pieuses] - heureux [bénis et spirituellement en sécurité] sont ses enfants après lui. » (version anglaise AMP).*

- « *Le juste vit avec intégrité ; heureux sont leurs enfants qui naîtront après eux.* » *(Version anglaise CEV)*
- « *Le juste mène une vie intègre, heureux les enfants qu'il laisse après lui !* » *(BFC)*
- « *C'est un héritage d'avoir un père honnête.* » *(Version anglaise TLB)*
- « *Le peuple de Dieu loyal, vivant une vie honnête, facilite les choses pour leurs enfants.* » *(Version anglaise MSG)*
- « *Les personnes bien qui mènent des vies honnêtes seront une bénédiction pour leurs enfants.* » *(Version anglaise NCV)*

Ces versions font toutes retentir une vérité puissante : une vie intègre laisse derrière elle un héritage de bénédiction. Elle améliore la vie de vos enfants et des générations futures.

Peut-être rencontrez-vous des difficultés actuellement à cause d'une fondation de malhonnêteté ou de corruption héritée de votre famille. Quoi qu'il en soit, vous ne devez pas vous accrocher au passé. Dans ce chapitre, je vous montrerai comment poser une nouvelle fondation d'intégrité et de travail acharné, une qui transformera votre vie et vos descendants.

Accuser votre arrière-plan ne changera pas le résultat. La clé, c'est la responsabilité et non les regrets. Avec Christ, vous pouvez briser les anciens schémas et bâtir un héritage meilleur. Choisir l'intégrité peut être difficile, la diligence peut s'avérer sans bénéfice tangible ; cependant, avec le temps, vous serez récompensé et votre famille en tirera bénéfice dans les années à venir.

## M. « Dis la vérité et fais honte au diable ».

Mon père, Lekunze Abraham Tangumonkeng, plus connu sous le nom de « Pa A.T. » était un instituteur très dévoué. Il a débuté sa carrière dans les écoles presbytériennes. Plus tard, il a enseigné dans des écoles baptistes, a servi dans plusieurs écoles publiques en tant que directeur, puis a pris sa retraite en tant que chef de bureau à l'inspection de l'Education de base.

En tant que chrétien dévoué qui craint Dieu, il a accompli ses devoirs avec intégrité, discipline et excellence. Il aimait profondément son travail et plaçait le bien-être de ses élèves au-dessus de tout. Il était très investi, manquait rarement ses cours et ne prenait presque jamais de congé pendant les périodes de classe.

Alors que de nombreux fonctionnaires se rendaient souvent à Yaoundé pendant les classes pour suivre leurs dossiers de promotion ou récupérer leurs impayés de salaire et de prime, lui il refusait de le faire. Au contraire, il s'occupait de telles affaires pendant les vacances. Cette décision lui a coûté des retards dans l'acheminement de ses dossiers et de ses paiements ; la famille a donc souffert financièrement. Néanmoins, il croyait au fait que l'intégrité signifiait faire ce qui est juste, même quand les autres ne le font pas.

Papa croyait que former le caractère était aussi important qu'enseigner les matières à l'école. C'est pourquoi l'une de ses phrases favorites à l'école était *« dis la vérité et fais honte au diable »*. Les écoliers l'entendaient souvent la prononcer fermement chaque fois qu'il réprimandait un mauvais comportement. Pendant les heures de discipline, il répétait cette phrase à chaque coup de fouet, renforçant ainsi la valeur de l'honnêteté. Au fil du temps, cette phrase est devenue sa signature personnelle et les élèves ont commencé à l'appeler *« M. Dis la vérité et fais honte au diable »*.

Ce n'était pas simplement un slogan, c'était une devise par laquelle il vivait à l'école comme à la maison. À la maison, *« dis la vérité et fais honte au diable »* était devenu comme un refrain qu'il nous chantait sans cesse. À la longue, j'ai compris qu'il ne s'agissait pas simplement de discipline, son plus profond désir était d'élever des enfants intègres. Il vivait selon ces paroles, donnant l'exemple de l'honnêteté en paroles et en actes. Il ne sortait jamais sans nous dire où il allait.

Le voir marcher constamment dans la vérité a façonné mon opinion de la vie et mon caractère. Son exemple m'a appris que l'intégrité véritable ne s'enseigne pas, mais qu'elle se vit.

## L'héritage de grand-père

Mon grand-père, Lekunze Nembongwe II, était un roi qui avait plus de cent femmes et des centaines d'enfants. Le premier jour où mon père est allé à l'école primaire pour la première fois, vingt-quatre enfants du palais s'étaient inscrits à la Sil. À sa naissance, on l'avait nommé Tangu après son grand-père maternel ; toutefois, l'enseignant lui avait donné le nom d'Abraham, qu'il pensait être divinement inspiré parce qu'il façonna profondément sa vie.

On se souvient de grand-père comme du dirigeant le plus brillant de l'histoire du clan Bamumbu. Son héritage n'était pas juste le pouvoir, mais aussi le caractère. Mon père nous racontait souvent deux choses sur son père qui l'avaient marqué. Premièrement, il détestait la corruption et les pots-de-vin. Il gérait les affaires du palais avec une grande équité et refusait d'être influencé par les dons et le pouvoir. Contrairement à lui, son frère, qui l'aidait à gouverner, mais dirigeait avec tromperie et violence, a laissé derrière lui une lignée en difficulté. Deuxièmement, grand-père refusait d'utiliser l'argent collecté des amendes dans la cour du palais pour l'éducation de ses enfants : il appelait cet argent « impur ». Un jour, mon père est rentré à la maison parce qu'on l'avait renvoyé pour n'avoir pas payé les frais de scolarité. Grand-père lui a montré de l'argent, mais lui a dit : *« cet argent n'est pas pur, je ne vais pas l'utiliser pour tes études. »* Au lieu de cela, il a vendu un porc pour couvrir les frais de scolarité. Cet acte d'intégrité a profondément façonné les valeurs de mon père. Son exemple a planté une semence d'honnêteté et de droiture qui continue encore d'influencer notre famille aujourd'hui.

## L'argent égaré et retrouvé

Une leçon que ma mère nous a enseignée quand nous étions enfants a formé ma perception de l'argent des autres, surtout l'argent égaré. Elle insistait fermement sur le fait qu'on ne devait pas utiliser l'argent qu'on trouvait en route. Nous n'avions que deux options : le remettre au véritable propriétaire ou le donner à Dieu si l'on ne pouvait pas identifier le propriétaire. Elle nous a répété cela tellement de fois que j'ai pensé que c'était un verset biblique.

Quand j'étais enfant, je me souviens avoir ramassé des pièces sans savoir à qui elles appartenaient. Je les ai amenées à l'église et je les ai mises dans le panier des offrandes. J'ai toujours évité d'utiliser l'argent que j'ai trouvé par terre. Cet enseignement fait maintenant partie intégrante de ma boussole morale. Un jour, j'ai été profondément choqué lorsqu'un jeune homme a vu des billets de banque par terre et a loué Dieu pour la « provision ». Cette réponse était en désaccord total avec les valeurs avec lesquelles j'avais été élevé.

Au fil du temps, j'ai réalisé une vérité puissante : ce que les parents croient et pratiquent constamment façonne les valeurs de leurs enfants. Que ces leçons soient positives ou négatives, elles contribuent à façonner la vision du monde des enfants.

## Un trésorier fidèle

En grandissant, j'ai remarqué que mon père servait toujours soit en tant que secrétaire ou trésorier dans toutes les églises ou les communautés qu'il fréquentait. Il accomplissait sa tâche avec une transparence et une intégrité inébranlables. Pendant qu'il enseignait à l'école publique de Bechati, mon père servait aussi comme ancien et trésorier dans l'assemblée locale de la Mission du plein évangile. Sans aucune banque au village, il devait garder les fonds de l'église à la maison. Malheureusement, notre maison a été cambriolée à plusieurs reprises, et l'argent de l'église a été dérobé. Chaque fois, mes parents remboursaient le montant volé à partir de leurs revenus.

Un dimanche soir, quelqu'un a vu le fils d'un voisin sortir par la fenêtre de la chambre de mes parents ; ce même jour, plus d'argent a disparu. Mon père a confronté le père du garçon, mais il a catégoriquement réfuté cette accusation, disant : « mon fils n'est pas un voleur ». Bien qu'ils sussent que mon père est un chrétien dévoué, ils ont essayé de le persuader de compromettre sa foi en lui suggérant de rencontrer un « marabout » pour qu'il procède à un rituel pour démasquer la vérité. Au lieu de cela, mon père a tranquillement remboursé l'argent volé et a remis la situation entre les mains de Dieu.

Bien que son intégrité fût éprouvée, il a refusé de se compromettre et Dieu l'a honoré. La vie du jeune homme s'est terminée en ruine, alors que l'héritage de mon père a résisté.

## L'héritage du dur labeur

Nos parents n'étaient pas paresseux. Ils travaillaient dur et faisaient même des heures supplémentaires ; le travail acharné est devenu une valeur familiale qui a façonné nos vies. Aujourd'hui, cette fondation influence encore tout ce que nous faisons. Les gens me demandent souvent : « Pasteur, comment gères-tu tout ça ? As-tu plus de jours que nous autres ? » La réponse est simple : on m'a formé à travailler dur depuis l'enfance.

Après l'école, mon père nous amenait directement au champ. Il définissait toujours des objectifs clairs avant que nous commencions. Par exemple, « aujourd'hui, nous allons planter 30 rejetons de plantain avant de rentrer ». La pluie, les moustiques ou les ténèbres, rien ne l'arrêtait. Quand on se plaignait, il disait calmement : « ne vous en faites pas, on va bientôt finir » et il continuait à travailler.

L'une des tâches les plus difficiles pour nous était de construire les clôtures pour éloigner les chèvres de notre jardin. Éric et moi portions les bambous pendant que mon père les attachait aux pieux. S'il remarquait la moindre erreur, il détachait tout et recommençait. On murmurait et marmonnait, mais il insistait en disant : « faisons un bon travail ». Parfois, Jacques pleurait debout, chassant les moustiques avec une lampe tempête à la main pour nous éclairer afin que nous puissions finir.

Cette formation informelle bâtissait quelque chose en nous. Des années plus tard, lorsque j'ai perdu le manuscrit d'un livre après que mon ordinateur portable est tombé en panne, j'étais dévasté. Alors je me suis rappelé ces jours où on construisait les clôtures. J'ai entendu le Saint-Esprit me chuchoter : « tu peux recommencer et faire mieux ». J'ai fait un vœu ce jour-là : « Même si mon ordinateur tombe en panne cent fois, j'écrirai à nouveau ». Cet état d'esprit m'a soutenu au cours de mes 15 ans d'écriture.

Récemment, j'ai visité le champ de mon frère, le Dr Tangumonkem à Dallas, au Texas (DITAWAFARM). Géologue et enseignant d'université, il se passionne pour l'agriculture biologique et livre les légumes à travers les États-Unis. Ce soir-là, nous sommes restés au champ jusqu'à plus de 21 heures parce que nous devions terminer de préparer les commandes. Quand on rentrait, il a dit : « merci, mon frère, de m'avoir poussé à atteindre l'objectif aujourd'hui ». Les gens se demandent comment il peut cultiver la terre avec tous les diplômes qu'il a. Mais la semence a été plantée il y a longtemps.

Si nous enseignons à nos enfants que le travail acharné n'est pas une malédiction, mais la clé pour un succès durable, nous posons ainsi les fondements d'une famille bénie et fructueuse.

### L'intégrité et le travail acharné

Définissons « l'intégrité » et le « travail acharné » selon le point de vue de Dieu avant de continuer.

### 1) « L'intégrité »

Dans l'Ancien Testament, le terme « intégrité » correspond à l'hébreu *'Tohn'* qui signifie « complétude, entièreté, innocence, irréprochabilité ou pureté morale ». Intégrité en Hébreu va plus loin que l'honnêteté ; elle transmet la constance intérieure et la loyauté au standard de Dieu, et pas seulement le comportement extérieur. L'intégrité sert de solide fondation pour les bénédictions familiales.

- *« Le juste vit de façon intègre ; heureux sont ses enfants après lui ! » (Proverbes 20 : 7 BDS).*

L'intégrité d'un parent apporte les bénédictions qui sont transmises à ses enfants.

- *« Heureux l'homme qui reconnaît l'autorité du Seigneur et prend plaisir à faire ce qu'il commande ! Ses enfants seront influents dans le pays, car Dieu fait du bien à l'ensemble des hommes droits. » (Psaumes 112 : 1-2 de l'anglais GNT).*

Vivre dans la justice a pour conséquence des familles solides et bénies.

- *« Si tu te conduis devant moi ... avec un cœur intègre et droit, ... je rendrai stable pour toujours ton trône royal sur Israël, ... » (1 Rois 9 : 4-5 BDS).*

Dieu relie l'héritage familial durable à l'intégrité personnelle.

## 2) « Le travail acharné »

Dans l'Ancien Testament, le mot « travail » vient de l'hébreu 'Ah mahl' qui signifie « labeur, effort, travail douloureux ou effort pénible ». Ce terme décrit non seulement le travail physique, mais aussi l'effort émotionnel et mental impliqué dans le travail diligent.

- *« Tout travail obtient un salaire, mais le bavardage ne conduit qu'à la pauvreté. » (Proverbes 14 : 23 BFC).*

- *« Celui qui agit d'une main lâche devient pauvre, mais la main des diligents enrichit. » (Proverbes 10 : 4 JND)*

Le travail acharné est le moyen que Dieu utilise pour prospérer et pourvoir pour une famille. La paresse amène le manquement. Quand on grandissait, j'ai vu les enfants de parents paresseux souffrir. Si la pauvreté coule dans votre famille, la paresse peut en être la cause. Brisez-la ou vivez sous son emprise.

- *« Une richesse gagnée en peu de temps diminuera. Mais une richesse gagnée petit à petit augmentera. » (Proverbes 13 : 11 PDV)*

- La richesse durable vient du travail régulier et honnête. Duper les gens pour s'enrichir apporte les malédictions sur une famille.
- ***« Celui qui ne veut pas travailler ne doit pas manger non plus » (2 Thessaloniciens 3 : 10 BFC).***

Le travail acharné n'est pas juste une vertu, c'est une condition pour la survie et la dignité.

L'intégrité protège le fruit de votre travail. Le travail acharné vous positionne pour recevoir l'accroissement divin. Quand on les réunit, ils sont les voies d'alliances pour une bénédiction générationnelle.

**Les familles selon la bible qui ont été bénies par l'intégrité et le travail acharné**

La Bible compte un nombre de familles qui ont été bénies spirituellement grâce à leur pratique de l'intégrité et du travail acharné.

### 1. Abraham : *un homme intègre*

Dans Genèse 14 : 17-24, Abraham venait de battre quatre rois puissants et de sauver son neveu Lot. Il revenait triomphant avec le butin de guerre qui lui appartenait. Toutefois, étant un homme intègre, il choisit de d'abord honorer Dieu en payant la dîme à Melchisédec

> *« Et Melchisédec, roi de Salem, fit apporter du pain et du vin, or il était sacrificateur du Dieu Très-Haut et il le bénit... Et [Abram] lui donna la dîme de tout. » (Genèse 14 : 18-20, JND)*

Ceci marque le deuxième rapport sur la dîme dans les Écritures, donnée non par obligation, mais par gratitude. Abraham a reconnu le fait que la victoire lui est venue de Dieu et non de sa propre force. Montrez-vous votre intégrité en honorant Dieu par la dîme de votre revenu ?

En plus, Abraham a refusé de s'enrichir à travers les alliances corrompues ou les récompenses païennes.

> *« J'ai levé ma main vers l'Éternel ... que je ne prendrai rien de ce qui t'appartient, pas même un fil ou une courroie de soulier... » (Genèse 14 : 22-23 BDS).*

Il a humblement rejeté la glorification de soi et a choisi de dépendre de Dieu pour sa prospérité. Il n'a pas exploité sa victoire au profit personnel, mais pour rester moralement pur et spirituellement focalisé. Dans vos transactions financières, est-ce que vous rejetez le gain malhonnête parce que vous craignez Dieu ?

Abraham a aussi traité son neveu Lot avec une intégrité profonde (Genèse 13). Lors d'une dispute qu'ils ont eue, il l'a démontré en choisissant la paix au détriment de son droit personnel, en laissant Lot choisir en premier un territoire, bien qu'il soit l'aîné et le véritable héritier. Il a refusé d'exploiter les choix égoïstes de Lot et a fait montre de retenue morale. Quand on a capturé Lot, Abraham a risqué sa vie pour le sauver sans ressentiment ni condition. Même après l'avoir sauvé, il laissa Lot retourner à Sodome, respectant ainsi sa volonté tout en intercédant pour lui dans la prière avec compassion et humilité.

Comment traitez-vous les membres vulnérables de famille dont vous avez la charge : les orphelins, les veuves, vos demi-frères, ou encore d'autres personnes qui dépendent de vous ? Une femme est venue nous voir un jour pour qu'on prie au sujet d'un problème familial douloureux. Avant sa mort, leur père avait désigné leur plus jeune frère comme l'administrateur de la famille et il lui a laissé la maison au village. Toutefois, leur frère aîné, qui gagnait des millions de francs CFA par mois, contesta ce testament, acquit un titre traditionnel et expulsa son petit frère qui était sans emploi de la maison. L'avarice peut pousser les gens à démontrer de la méchanceté même envers leur propre sang.

Voulez-vous que votre famille soit bénie, comme celle d'Abraham ? Alors, traitez chaque membre avec honneur, équité et intégrité, surtout ceux qui sont vulnérables. Dieu voit et récompense la justice.

### 2. Isaac : *un homme industrieux*

La famille d'Isaac était bénie non seulement à cause de l'alliance abrahamique, mais grâce au travail acharné et à la persévérance. Durant la grave famine, il n'a pas attendu les conditions idéales ; il a planté des semences et a récolté au centuple parce que **Dieu bénit son labeur** (Genèse 26 : 12-13). Il devint très riche, devenant l'envie des Philistins. Il faut noter que ses bénédictions ont suivi l'action qu'il avait posée.

Il démontra aussi de la persévérance en recreusant les puits que son père avait creusés (Genèse 26 : 15). Quand les bergers locaux se sont opposés à lui, il n'a pas riposté, mais a continué de creuser jusqu'à ce qu'il trouve la paix et l'espace à Rehoboth (Genèse 26 : 22).

La famille d'Isaac reflétait une culture du travail. Ésaü était un chasseur habile et Jacob s'occupait du bétail. Ceci montre qu'Isaac a transmis une éthique puissante du travail à la génération suivante. Sa vie enseigne que Dieu bénit le travail diligent et fait avec foi, surtout pendant les temps durs.

Désirez-vous les bénédictions familiales durables ? Suivez l'exemple d'Isaac : semez par la foi, travaillez dur, persévérez face à l'opposition et faites confiance à Dieu pour qu'il multiplie vos efforts.

### 3. Les Récabites : *un modèle de fidélité*

Les Récabites sont un excellent exemple de la manière dont l'intégrité générationnelle entraîne la faveur divine et une bénédiction durable. Les descendants de Jonadab, fils de Récab (2 Rois 10 : 15-23), apparaissent dans Jérémie 35 comme des modèles de fidélité. Des générations durant, ils ont obéi au commandement de leur ancêtre de ne pas boire de vin ou de s'établir permanemment, pratiquant ainsi la loyauté et la discipline. Même quand Jérémie les a testés avec le vin dans le temple, ils ont refusé d'en prendre, faisant ainsi preuve d'un courage moral et d'une intégrité sans faille sous la pression.

Leur obéissance n'était pas fondée sur la convenance, mais sur la conviction. En réponse à cela, Dieu les honora :

**« Jonadab, fils de Récab, ne manquera jamais de descendants qui se tiennent en ma présence » (Jérémie 35 : 18-19).**

Alors que de nombreuses familles en Israël étaient jugées pour cause de désobéissance, les Récabites étaient récompensés avec un héritage perpétuel de service et de faveur. Leur histoire nous enseigne que l'intégrité inébranlable, surtout lorsqu'elle est transmise d'une génération à une autre, entraîne la reconnaissance durable et la faveur de Dieu.

Votre intégrité mettra le sceau de Dieu sur votre lignée.

### 4. Ibukun Awosika : *une femme d'intégrité*

Elle est une chrétienne engagée, une auteure et une entrepreneuse qui est devenue la première femme présidente de la First Bank du Nigéria. Connue pour son intégrité absolue, elle a élevé la 'Chair Centre Group' en une marque respectable et s'est fait connaître sur le plan national grâce à son travail acharné et ses valeurs pieuses. Elle refusait toujours les pots-de-vin, rejetait les affaires dépourvues d'éthique et vivait sa foi ouvertement dans le monde des affaires.

À la maison, son mari et elle menaient une vie familiale motivée par la foi et fondée sur la discipline et l'humilité. Ses enfants reflétaient ces mêmes solides valeurs. Ibukun est aussi le mentor de jeunes entrepreneurs ; elle les engage à réussir sans compromettre leur droiture. Grâce à des discours et des livres tels que *The Girl Entrepreneurs*, elle enseigne que l'intégrité, pas la manipulation, est la véritable porte qui mène au succès durable. Sa vie est un exemple de la façon dont les principes chrétiens et l'excellence professionnelle peuvent cohabiter sur le marché.

### 5. La famille Green : *Les affaires avec intégrité*
David et Barbara Green (É.-U.) géraient un Hobby Lobby (une chaîne de magasins américaine spécialisée dans les loisirs créatifs et l'artisanat), une chaîne de magasins de plusieurs millions de dollars avec un peu plus de 900 boutiques. David l'a débuté en 1972 avec seulement 600$ et une grande éthique professionnelle. Il fabriquait des cadres de photo dans son garage. Dès le départ, il a bâti une société fondée sur les valeurs chrétiennes et une intégrité inflexible. Cette famille honore Dieu en fermant tous ses magasins le dimanche, sacrifiant ainsi des millions de bénéfices au profit du repos et l'adoration. Connus pour leur générosité radicale, ils donnent jusqu'à 50% de leurs gains au ministère, la distribution des bibles et l'éducation. En 2014, ils ont gagné le procès historique Hobby Lobby contre Burwell à la Cour suprême des É.-U, défendant la liberté de religion. Leur influence s'étend au-delà des affaires. Les Green ont également fondé le Musée de la Bible à Washington DC, afin de préserver et promouvoir la vérité de la Bible pour les générations futures. Leur histoire révèle comment la foi et l'intégrité peuvent conduire au succès spirituel et dans les affaires.

Vous pouvez avoir un business honnête et prospérer abondamment (Job 1 : 1-3).

### Des exemples de familles qui furent ruinées par la malhonnêteté et la corruption
Voici quatre exemples remarquables de familles bibliques et modernes qui ont été ruinées par la malhonnêteté, la corruption et le manque d'intégrité.

1. **La famille d'Éli :** *un leadership spirituel corrompu (1 Samuel 2 : 12-36)*

Les fils d'Éli, Hophni et Phinée servaient comme sacrificateurs dans le tabernacle ; cependant, ils étaient méchants et corrompus. Ils déshonoraient les offrandes faites à Dieu, exploitaient sexuellement les femmes et géraient les affaires sacrées avec mépris. Bien qu'Éli sût qu'ils péchaient par leur comportement, il manqua d'agir avec fermeté ou de les démettre de leur poste. Son hésitation a alimenté leur corruption et a déshonoré l'office sacerdotal qui avait été confié à sa famille. Dieu répliqua par un jugement sévère : il déclara que la lignée d'Éli serait ôtée et ses fils mourraient tous le même jour pour signifier son mécontentement.

*« J'accomplirai sur Eli tout ce que j'ai prononcé contre sa maison ; je commencerai et j'achèverai. » (1 Samuel 3 : 12).*

Cette histoire tragique révèle que la malhonnêteté et la corruption dans le leadership, surtout à l'intérieur d'une famille, invitent le jugement de Dieu sur elle. Le fait qu'Éli ait manqué de discipliner ses fils a conduit à la chute de sa maison et à la perte de l'influence spirituelle générationnelle.

Certaines familles sont maudites parce que les parents ont déshonoré les choses sacrées. Votre famille ne peut pas prospérer si vous volez l'argent de Dieu et corrompez le sacerdoce.

2. **Ananias et Saphira :** *la malhonnêteté financière (Actes 5 : 1-11)*

Ananias et Saphira étaient un couple marié de l'Église primitive qui s'était accordé à mentir aux apôtres et au Saint-Esprit. Ils ont vendu une parcelle de terre et ont prétendu donner toute la somme gagnée à l'église, alors que, secrètement, ils avaient gardé une partie de l'argent.

Leur péché n'était pas le fait qu'ils avaient gardé une partie pour eux-mêmes, mais le fait qu'ils mentent pour apparaître plus généreux et spirituels qu'ils ne l'étaient véritablement. Le Saint-Esprit a exposé leur hypocrisie à travers l'apôtre Pierre.

*« Ce n'est pas à des hommes que tu as menti, mais à Dieu. » (Actes 5 : 4b, BDS)*

Ananias mourut sur le coup, et des heures plus tard, le même sort arriva à Saphira après qu'elle a répété le mensonge.

Cet évènement a produit des frissons dans toute l'Église primitive et a servi d'avertissement sobre au sujet du mensonge, surtout lorsqu'une famille s'accorde à cela. Ceci nous rappelle que Dieu place la vérité au-dessus des apparences. De ce fait, mentir à Dieu a des conséquences sérieuses.

### 3. La famille Madoff : *fraude financière*

La famille Madoff fut ruinée de manière tragique à cause d'actions trompeuses de son patriarche, Bernie Madoff, qui orchestra la plus grande arnaque de toute l'histoire, escroquant aux investisseurs plus de $60 millions.

Pendant des années, cette famille a profité de la richesse et d'une position sociale élevée, pourtant sa fondation était posée sur le mensonge. Lorsque la fraude a été découverte, les conséquences furent dévastatrices. L'un des fils, Mark Madoff, s'est suicidé, car incapable de supporter la honte. Un autre de ses fils, Andrew Madoff, est mort du cancer sous le regard scrutateur du public. Bernie fut condamné à 150 ans d'emprisonnement ; il mourut finalement en prison. Le nom Madoff est alors devenu synonyme de fraude, d'avarice et de trahison.

Cette histoire tragique est un avertissement moderne selon lequel la malhonnêteté, quand bien même masquée, finit par détruire les familles et leurs héritages avec. Le véritable succès doit se construire sur **la vérité,** l'intégrité et la responsabilité, et non sur la manipulation et l'avarice.

Ces histoires démontrent clairement qu'alors que la malhonnêteté peut apporter un gain temporaire, elle finit par produire la perte, la honte et la destruction, souvent à travers des générations. La Bible est claire :

> **« *Celui qui gagne des biens illégalement fait souffrir sa propre maison, mais celui qui hait la corruption [ne la reçoit pas ni ne la donne] vivra* » (Proverbes 15 : 27, version anglaise AMP).**

Est-ce que bâtir une famille bénie vous intéresse ? Vous devez vous engager à développer une culture d'intégrité dans votre famille.

## Comment cultiver l'intégrité et le travail acharné dans votre famille

L'intégrité et le travail acharné sont des vertus essentielles qui façonnent le caractère d'une famille, son succès et son héritage. Ses talents peuvent lui ouvrir des portes, mais l'honnêteté et la diligence les garderont ouvertes à travers des générations. On ne développe pas ces valeurs par hasard ; on le fait de façon consciente à la maison. Voici quatre moyens principaux pour y arriver :

**1. Dirigez par l'exemple :** *démontrez ce que vous voulez voir*
Les enfants apprennent beaucoup de ce qu'on fait que de ce qu'on dit. Si vous voulez fonder une famille d'individus honnêtes et travailleurs, commencez par vivre les valeurs que vous prônez. Jésus a dit :
*« Car je vous ai donné un exemple, afin que vous fassiez comme je vous ai fait. » (Jean 13 : 15).*

Permettez à vos enfants d'observer comment vous remboursez l'excédent d'argent reçu, admettez vos erreurs, dites la vérité et accomplissez des tâches correctement. Levez-vous tôt, soyez là à temps et tenez à votre parole : les actes que vous posez au quotidien deviennent le standard de la famille.

Un jour, un père qui travaillait comme menuisier a refusé un pot-de-vin qui lui avait été proposé pour utiliser les matériaux de qualité inférieure pour exécuter un projet de construction. Malgré la pression financière, il choisit d'honorer Dieu et de garder ses standards. Des années plus tard, son fils, devenu un architecte accompli, a affirmé : *« J'ai appris à rejeter la corruption en regardant mon père choisir l'intégrité, même quand nous n'avions pas grand-chose. »*

Afin de renforcer ces valeurs, définissez une devise familiale centrée autour de l'intégrité et du travail acharné. Encadrez-la et accrochez-la à votre mur. Répétez-la constamment et qu'elle guide la culture de votre famille.

**2. Donnez des responsabilités à chacun et qu'ils en rendent compte**
L'intégrité et le travail acharné croissent quand les membres d'une famille reçoivent des charges et sont tenus pour responsables des résultats. Commencez par leur confier des tâches suivant les âges, comme enseigner aux petits enfants comment faire leurs lits, arranger leurs chambres, aider à la préparation des repas ou gérer les petits budgets. Au fur et à mesure qu'ils grandissent, donnez-leur plus de responsabilités, comme organiser un évènement familial ou épargner pour un but commun. Ce processus bâtit en eux la discipline, le sens de la responsabilité et de la contribution.

Proverbes 22 : 6 dit :
*« Instruis l'enfant selon la voie qu'il doit suivre ; Et quand il sera vieux, il ne s'en détournera pas. »*

Chez moi, on applique ce que j'ai appris de mes parents. Nous assignons des tâches intentionnellement à nos enfants au fur et à mesure qu'ils grandissent. Au fil du temps, cette routine a produit des individus disciplinés et responsables qui deviennent progressivement des adultes capables de gérer un foyer, un emploi et le ministère de manière excellente. Il y a des années, j'ai commencé à leur enseigner comment gérer l'argent avec honnêteté. Nous avons commencé un plan d'épargne familial appelé « Njangi » dans lequel chaque enfant contribue et apprend à épargner. Ils ont aussi appris que, pour chaque revenu qu'ils perçoivent, ils doivent honorer Dieu par la dîme ou les prémices et garder le reste. Cette pratique a façonné leur attitude face au service, au don et à la responsabilité financière.

Les données relevées par 'Pew Research' révèlent que les familles qui pratiquent la planification financière et qui enseignent la responsabilité financière à leurs enfants atteignent un niveau significatif de stabilité financière et conservent la richesse sur le long terme.

Le principe est simple : choisissez les habitudes que vous voulez voir dans votre famille et formez-les délibérément. Les enfants ne réussissent pas par hasard ; le succès se bâtit à travers des conseils constants et des exemples. L'intégrité et le travail acharné doivent se semer tôt si l'on veut récolter une moisson durable.

## 3. Célébrez l'honnêteté et l'effort, et non l'excellence seulement

Plusieurs familles, de manière hasardeuse, récompensent le charisme, l'intelligence ou la performance tout en simplifiant l'honnêteté et les efforts fournis. Ceci crée une culture où l'apparence compte plus que le caractère. Cependant, le véritable succès est bâti sur l'intégrité, la diligence et la persévérance, même quand les résultats ne sont pas parfaits.

Soyez intentionnel par rapport au processus de célébration, pas uniquement au sujet du résultat : « J'ai vu comme tu as bossé dur. Je suis fier des efforts que tu fournis. » Partagez des exemples de personnes comme Ruth, Joseph, Néhémie ou Nelson Mandela qui se sont hissés au sommet grâce à l'intégrité.

En Ouganda, un garçon a échoué à son examen parce qu'il avait refusé de tricher. À sa grande surprise, quand il arriva à la maison, son père lui dit : « Je suis fier de toi. Tu as fait ce qu'il fallait faire. » Quelque temps après, le garçon est sorti premier de sa classe, une preuve que le caractère dure plus que les raccourcis.

Quand je décerne les prix, j'honore aussi l'élève qui s'est le plus amélioré et le plus discipliné, et pas seulement le meilleur élève. Une fois, j'ai été premier de ma classe, non pas grâce à mes efforts, mais parce que Dieu m'avait béni. C'était de la grâce et non une réalisation.

*« Mieux vaut le pauvre qui marche dans son intégrité... » (Proverbes 19 : 1).*

Dieu accorde plus de valeur à l'intégrité qu'au succès. Que ceci soit votre mentalité.

## 4. Enseignez l'honnêteté financière et la valeur du travail

L'intégrité et la diligence doivent être visibles et ne pas s'arrêter aux paroles dans notre façon de gérer l'argent et de travailler au sein de la famille. Les enfants doivent voir les principes financiers vécus au quotidien. Impliquez-les dans les discussions sur le budget en leur montrant comment vous percevez vos revenus, quelles sont les dépenses prioritaires et comment l'épargne et l'aumône sont planifiées. Faites-leur comprendre que l'argent, ce n'est pas la magie ; c'est le fruit d'un travail honnête et des décisions intelligentes.

Éviter d'être des exemples de raccourcis, tels que l'évasion fiscale, les transactions malhonnêtes ou les manipulations des systèmes pour des gains. Les enfants internalisent ce qu'ils voient. Rappelez-vous ceci !

*« La richesse qu'on acquiert d'un trait va disparaître, mais quiconque amasse petit à petit va l'accroître » (Proverbes 13 : 11, version anglaise ESV).*

Que voulez-vous que votre famille devienne quand vous achetez les diplômes pour vos enfants et que vous soudoyez pour qu'ils aient les postes qu'ils ne méritent pas ? Je pense toujours que, si j'escroque de l'argent, mes enfants vont subir les conséquences de cet acte.

John Maxwell a raconté une fois comment il a enseigné la responsabilité financière à sa fille. Elle a commencé à vendre des bonbons à ses amis, ensuite à la communauté. Il la faisait enregistrer ce qu'elle achetait, vendait, gagnait et épargnait. Il n'était pas question de bonbons ; il s'agissait de lui enseigner la discipline, l'intendance et la dignité dans le travail.

Je me souviens de la première fois que ma fille a vendu les casse-croûtes qu'elle avait préparés. Elle était tellement contente de ce qu'elle avait gagné. Je lui ai dit que l'argent qu'elle a travaillé est plus sucré que pour papa. Vous pouvez donner à chaque enfant un petit projet rentable, comme vendre de l'art ou gérer une petite affaire familiale. Qu'ils gèrent l'argent, en payent la dîme et en épargnent. Par ceci, aidez-les à cultiver les valeurs telles que le travail, l'intégrité et la responsabilité.

### Choisissez l'intégrité

Nous avons vu plus haut que l'intégrité est la fondation d'une vie bénie. Elle est aussi la clé pour briser les mauvaises fondations et renverser les malédictions générationnelles. Vous ne pouvez pas continuer dans le schéma de méchanceté de vos ancêtres et espérer des résultats différents. Jésus a payé tout le prix sur la croix pour vous renouveler.

Je vous défis aujourd'hui : embrassez la nouvelle vie en Christ, une vie empreinte d'intégrité. Oui, les personnes corrompues et malhonnêtes vont se moquer de votre décision. Elles pourraient se moquer de votre refus de prendre les raccourcis. Ne vous découragez pas ! Continuez de faire ce qui est juste. Votre récompense viendra. Dieu est fidèle. Il bénit le travail honnête. Votre famille sera bénie grâce à votre engagement à la vérité et à la justice.

L'intégrité financière garantit les bénédictions qui demeurent. Une famille qui travaille dur, donne avec générosité et gère bien les ressources reflète l'économie du royaume de Dieu.

Comme Rick Warren le dit : « Le travail devient l'adoration quand on le dédie au Seigneur et on le fait avec intégrité. »

Que votre vie soit un témoignage. Que votre intégrité devienne un canal de révélation de la gloire de Dieu dans votre famille et au-delà.

### SUJETS DE PRIÈRE
*Actions de grâce :*
1. *Père, merci pour l'héritage d'intégrité et le travail acharné dans notre famille, au nom de Jésus.*

2. *Merci Seigneur, pour la bénédiction d'un travail honnête qui soutient notre famille, au nom de Jésus.*
3. *Père, je te remercie pour l'héritage de valeurs pieuses transmises par des parents fidèles, au nom de Jésus.*
4. *Merci pour la promesse selon laquelle le juste qui marche dans l'intégrité conserve des bénédictions pour ses enfants, au nom de Jésus.*

**Repentance et miséricorde :**
5. *Seigneur, pardonne tous nos compromis, tout notre manque d'honnêteté et notre corruption qui ont apporté la honte à notre famille, au nom de Jésus.*
6. *Père, aie pitié de nous en ce qui concerne tout raccourci financier ou gain mal acquis qui a ouvert les portes aux malédictions, au nom de Jésus.*
7. *Nous nous repentons d'avoir négligé la diligence et préféré la paresse au travail acharné, au nom de Jésus.*
8. *Père, purifie notre famille de toute mauvaise fondation de cupidité, de mensonge et de la manipulation, au nom de Jésus.*

**L'intégrité comme fondement :**
9. *Seigneur, établis ma famille sur le fondement de la vérité et de l'honnêteté, au nom de Jésus.*
10. *Puissent nos enfants grandir en accordant plus de valeur à l'intégrité qu'à la richesse, au nom de Jésus.*
11. *Père, donne-nous le courage pour rejeter la corruption même quand cela nous coûte quelque chose, au nom de Jésus.*
12. *Que l'intégrité devienne le langage et la culture de notre famille, au nom de Jésus.*
13. *Seigneur, aide-nous à « dire la vérité et faire honte au diable » en toute circonstance, au nom de Jésus.*
14. *Puisse notre intégrité laisser derrière nous une bénédiction générationnelle, au nom de Jésus.*

**Le travail acharné et la diligence :**
15. *Père, sème en nous la discipline de travailler dur et rejeter la paresse, au nom de Jésus.*
16. *Seigneur, bénis l'œuvre de nos mains et fructifie nos efforts, au nom de Jésus.*
17. *Que notre famille ne soit jamais victime de la pauvreté à cause de la paresse, au nom de Jésus.*
18. *Père, donne-nous de continuer de semer et travailler avec persistance même pendant les saisons difficiles, au nom de Jésus.*

19. Puissent nos enfants hériter d'une éthique professionnelle solide et de la dignité dans le travail, au nom de Jésus.
20. Seigneur, délivre-nous de la malédiction de l'oisiveté et de l'improductivité, au nom de Jésus.

**Briser la fondation de pauvreté :**
21. Au nom de Jésus, Père, je déracine toute fondation maléfique de pauvreté établie dans ma famille.
22. Par le sang de Jésus, je brise toute alliance familiale avec le manque et la pauvreté. Je le fais au nom de Jésus.
23. Malédiction de difficulté et de limitation financières, sois détruite maintenant, au nom de Jésus.
24. Père, déconnecte ma famille de tout schéma ancestral d'échec, de stagnation et de pauvreté, au nom de Jésus.
25. Seigneur, que le feu du Saint-Esprit consume tout autel démoniaque qui renforce la pauvreté dans ma lignée, au nom de Jésus.
26. Tout esprit d'épreuves hérité de la maison de mon père ou de ma mère, libérez ma famille maintenant, au nom de Jésus.
27. Père, établis une nouvelle fondation d'abondance, de prospérité et de productivité dans mon foyer, au nom de Jésus.
28. Par la puissance de la croix, je fais taire toute voix de mon passé qui profère la pauvreté dans mon futur, au nom de Jésus.
29. Seigneur, bâtis-nous une fondation d'intégrité financière, de sagesse et de richesse générationnelle, au nom de Jésus.
30. Je déclare que la pauvreté n'est plus notre héritage. La prospérité et la provision divine deviennent notre fondation, au nom de Jésus.

**Briser les fondations de la corruption :**
31. Que toute mauvaise fondation de malhonnêteté dans ma lignée familiale soit détruite, au nom de Jésus.
32. Je brise toute malédiction de corruption héritée de mes ancêtres, au nom de Jésus.
33. Seigneur, délivre-nous de l'esprit d'avarice qui a ruiné des familles comme Ananias et Saphira, au nom de Jésus.
34. Tout autel démoniaque soutenant la fraude financière dans ma lignée, prends feu, au nom de Jésus.
35. Père, expose et déracine toute pratique cachée de duplicité dans mon foyer, au nom de Jésus.

36. Je décrète que notre famille ne sera pas ruinée dans la honte, comme la famille d'Éli, au nom de Jésus.

**L'éducation de la famille par l'exemple :**

37. Seigneur, aide-nous à diriger nos enfants en étant des modèles d'intégrité et le travail acharné, au nom de Jésus.
38. Père, donne-nous la sagesse pour former nos enfants à l'honnêteté et la responsabilité financière, au nom de Jésus.
39. Puissions-nous célébrer davantage l'honnêteté et les efforts que les raccourcis et le faux succès, au nom de Jésus.
40. Père, que notre maison devienne une école de diligence, de gérance et d'excellence, au nom de Jésus.
41. Puissent nos enfants être connus pour la vérité, leur travail acharné et le succès honnête, au nom de Jésus.

**Déclarations prophétiques :**

42. Nous déclarons que notre famille prospère grâce à l'intégrité et le travail acharné, au nom de Jésus.
43. Notre lignée ne manquera jamais d'hommes et de femmes de vérité et de diligence, au nom de Jésus.
44. Nous prophétisons que le gain mal acquis n'entrera jamais dans notre maison, au nom de Jésus.
45. Nos enfants nous surpasseront en droiture, en sagesse et en productivité, au nom de Jésus.
46. Notre richesse sera propre, bénie et préservée pour des générations, au nom de Jésus.

**Le Cameroun :**

47. Éloigne toute résistance réfractaire à ta volonté au nom de Jésus.
48. Suscite des voix de la vérité dans la politique, les médias et le gouvernement, qu'on ne peut taire, au nom de Jésus.
49. Père, réveille l'Église du Cameroun afin qu'elle se lève comme une voix prophétique à cette heure, au nom de Jésus.
50. Que les autels de la prière et de l'intercession brûlent jour et nuit à travers la nation, au nom de Jésus.

# Le PROJET de la MAISON de RESTAURATION

Nous sommes en pleine construction de la **MAISON DE RESTAURATION**. Il est situé à Tsinga village, près du stade Olembe, à Yaoundé, au Cameroun.

C'est un complexe moderne avec une salle de 1,000 places assises, des bureaux, un centre multimédia, une maison d'édition et une maison d'hôtes.

Cela servira de siège au Réseau chrétien de restauration (RCR), de centre de formation pour le discipolat, le développement en leadership, le coaching ministériel et les activités humanitaires du RCR etc.

• Entrez en partenariat avec nous pendant que nous travaillons à la réalisation de ce rêve pour le royaume de Dieu. Pour tout partenariat, contactez l'un des numéros suivants : (+237) 681 72 24 04 / 695 72 23 40.

**INVESTISSEZ GÉNÉREUSEMENT DANS SON PROJET ROYAUME**
Envoyez vos dons à :
- ECOBANK n° de compte/ 0040812604565101
- ORANGE MONEY 696.565.864 (Isaac Ketu)
- MTN MOBILE MONEY 652.382.693 (Isaac Ketu)
- PayPal: @christianrestoration

www.christanrestorationnetwork.org

Chapitre 6
Jours 16-18

# Briser les mauvaises fondations

*« Christ nous a rachetés de la malédiction de la loi, étant devenu malédiction pour nous-car il est écrit : Maudit est quiconque est pendu au bois, afin que la bénédiction d'Abraham eût pour les païens son accomplissement en Jésus-Christ, et que nous reçussions par la foi l'Esprit qui avait été promis » (Galates 3 : 13-14).*

Une famille peut-elle être sous le poids d'une malédiction ? Oui, certaines familles souffrent à cause de malédictions et sont tourmentées par de mauvais esprits. Ces familles ont besoin de briser le pouvoir des puissances sataniques afin de jouir des bénédictions divines.

Une malédiction, en effet, est le fait que Dieu permet à Satan d'affliger une famille à cause de son péché. Dans Luc 10 : 19, Jésus nous a donné l'autorité pour marcher sur les serpents, les scorpions et tous les pouvoirs de l'ennemi. Mais lorsqu'une famille se détourne de Dieu, elle subit le poids de l'oppression démoniaque. Au lieu de marcher dans l'autorité sur l'ennemi, elle devient une victime de tourment des forces sataniques.

Satan utilise plusieurs forces démoniaques pour tourmenter les familles qui lui ont ouvert des portes spirituelles par le péché. Certaines personnes déclarent qu'elles voient des serpents, des lions, des dragons ou des êtres maléfiques qui essaient de les attaquer, surtout dans leurs rêves. Ce sont de réelles attaques spirituelles et plusieurs familles souffrent de harcèlement récurrent de ces forces maléfiques. Si vous êtes dans cette situation, elle doit être traitée.

Toutefois, prenez conscience de cette vérité biblique :
*« Comme l'oiseau s'échappe, comme l'hirondelle s'envole, Ainsi la malédiction sans cause n'a point d'effet » (Proverbes 26 : 2).*
En d'autres termes, aucune malédiction n'existe sans cause. Si une famille est maudite ou sous une oppression spirituelle, il y a toujours une raison derrière cela. Satan ne peut affliger une famille que s'il a une base légitime pour le faire. Gardez cela à l'esprit lorsque vous opérez une délivrance familiale.

Dans Luc 4 : 6, Satan demande à Jésus de se prosterner devant lui afin qu'il lui offre les royaumes du monde. Il lui dit : *« car elle m'a été donnée. »* Qui les lui a donnés ? Adam et Ève. Lorsqu'ils ont péché, ils ont transféré leur autorité à Satan. Le péché a ouvert la porte à Satan et à ses démons pour qu'ils envahissent les familles. Lorsque les familles marchent dans la rébellion contre Dieu, elles invitent les attaques spirituelles. Mais gloire à Dieu, le salut est disponible par Jésus-Christ et sa puissance de délivrance.

Permettez-moi de vous montrer comment briser les mauvaises fondations dans votre famille et entrer dans les bénédictions de Dieu. Pendant que vous lisez, concentrez-vous sur deux choses : (1) la cause du problème. (2) La solution proposée pour remédier au problème. Après avoir identifié ces deux éléments, prenez du temps pour traiter les mauvaises fondations profondément. Mobilisez les membres de votre famille et invitez ceux qui prient à se joindre à vous pour des prières de combat. Priez comme un lion blessé, faisant confiance à Dieu pour exaucer votre prière. Il vous exaucera certainement.

Bienvenue à un nouveau commencement dans votre famille.

## Qu'est-ce qui ne va pas chez nous ?

La délivrance familiale et la restauration commencent généralement par une question sincère : « qu'est-ce qui ne va pas chez nous ? » C'est une question à laquelle seul Dieu peut vous aider à répondre. Cependant, aussi longtemps que vous vous contentez de gérer votre situation actuelle, ne vous attendez pas à un grand changement. J'ai rencontré un homme à Yaoundé qui vivait dans une chambre avec sa femme et sept enfants. Si vous vous contentez de supporter ce genre de situation, Dieu peut permettre qu'elle perdure. Mais si vous ne pouvez plus l'endurer et que vous criez à lui, une percée divine s'accomplira certainement. Comme Isaac l'a dit à son fils Ésaü :

*« Tu vivras de ton épée, au jour le jour, et tu seras asservi à ton frère. Mais lorsque tu en auras assez, tu briseras son joug de dessus toi » (Genèse 27 : 40, traduit de Message).*

Seuls ceux qui en ont marre peuvent se libérer. C'est celui qui est désespéré qui demande à Dieu : « qu'est-ce qui ne va pas chez moi ? » Et au nom de Jésus, celui-là est libéré. Le désespoir brise l'oppression.

## J'ai questionné Dieu

En octobre 1994, j'ai écouté un message prêché pendant la « Conférence de feu », à Limbé au Cameroun, organisée par le Dr Billy Lubanza cette année-là. C'est là que quelque chose n'allait vraiment pas dans ma famille. J'étais élève à l'école biblique à cette époque et j'étais incapable de payer mes frais de scolarité. Je ne possédais qu'une paire de chaussures et deux chemises. Comparée à mes camarades, ma condition était déplorable. J'étais le seul élève à être renvoyé pour le non-paiement des frais de scolarité et je n'avais même pas les frais de taxi pour quitter le campus de l'école biblique de Mile 3 Nkwen, à Bamenda, au Cameroun.

Mon petit frère avait passé son baccalauréat avec brio, mais ne pouvait pas aller à l'université parce que nous manquions de fonds. Nous survivions à peine. Mon père, bien qu'étant un enseignant formé, gagnait un salaire de débutant bien qu'il était marié avec des enfants. Il avait postulé pour du travail à Yaoundé, rien n'avait marché. Les études au-delà de l'éducation secondaire semblaient un rêve impossible pour notre famille.

Ce message m'a poussé à chercher Dieu. J'ai commencé à prier, lui demandant : « Seigneur, qu'est-ce qui ne va pas chez nous ? Pourquoi cette pauvreté et cette stagnation ? » Pendant que j'insistais dans la prière et la méditation, le Saint-Esprit a commencé à me révéler les problèmes de fondations – les malédictions et les liens dans ma famille qu'il fallait briser.

Après avoir rassemblé toutes les informations nécessaires, j'ai réuni toute ma famille pour chercher Dieu par le jeûne le 2 janvier 1995. Tout le monde y a pris part, même Joseph, le plus jeune qui n'avait que quatre ans. De 7h à 19h, nous avons prié, chanté, nous nous sommes repentis et nous avons crié à Dieu. Quelque chose d'indescriptible s'est produit. Les anciennes portes ont été levées. Le roi de gloire a fait son entrée dans notre famille.

Trente ans plus tard, le changement est aussi clair que le jour et la nuit. Dieu a fait des merveilles dans ma famille. Si vous connaissez ma famille, vous verrez qu'elle est bénie et constitue une bénédiction pour beaucoup de gens.

## Le nom de famille fut changé

Dix ans plus tôt, une trentenaire est venue dans mon bureau après avoir lu *Le pouvoir doit changer de camp, tome 1: À l'assaut des mauvaises fondations* et a sollicité une délivrance familiale. Je lui ai donné un programme à suivre avec sa famille. À la clôture de la session de prière dans leur maison familiale, le Saint-Esprit m'a poussé à demander la signification de leur nom de famille. Ils m'ont dit qu'il signifiait *« maison de la fermentation »*. En d'autres termes, *« maison de la désolation »*. J'ai demandé pourquoi et ils m'ont expliqué que leurs arrière-grands-parents étaient atteints de la lèpre. Avant de mourir dans la honte, ils ont appelé leur fils (leur grand-père actuel dans la famille) *« maison de la fermentation »*. Le grand-père était décédé, mais sa femme était présente pendant la prière. Elle m'a révélé qu'elle avait donné naissance à onze enfants et seulement trois étaient encore en vie.

Ce nom reflétait parfaitement la situation de cette famille. Elle était en effet en putréfaction. La plupart des membres étaient célibataires, plusieurs enfants étaient nés hors mariage, d'autres mouraient jeunes et la pauvreté régnait. La lèpre dans leur histoire était un signe de malédiction générationnelle.

Nous leur avons rendu ministère et j'ai changé le nom de famille de *« maison de la désolation »* à *« maison de Dieu »*, tout comme Dieu l'a renommée dans les Écritures :

> **« On ne te nommera plus délaissée, On ne nommera plus ta terre désolation ; Mais on t'appellera mon plaisir en elle, Et l'on appellera ta terre épouse ... »** *(Ésaïe 62 : 4).*

En deux semaines, les propositions de mariage affluaient. La dame qui m'avait présenté à la famille m'a dit que deux hommes responsables ont demandé sa main dans la même période. Elle s'est mariée avec l'un d'eux.

**Exemples bibliques de familles qui étaient dans des liens**
La Bible révèle comment les péchés des individus entraînaient souvent des conséquences dans leurs familles :
1) **La famille d'Adam :** Adam a péché en désobéissant au commandement de Dieu et en mangeant le fruit défendu (Genèse 3 : 6-7). En conséquence, la race humaine tout entière fut affectée par le péché et la mort entra dans le monde (Romains 5 : 12-19).
2) **La famille de Noé :** l'attitude irrespectueuse et pècheresse de Cham envers son père Noé a conduit à une malédiction sur lui et sa progéniture (Genèse 9 : 20-27). Noé a maudit Canaan, le fils de Cham et ses descendants ont été affectés (Genèse 9 : 25).
3) **La famille d'Abraham :** le mensonge d'Abraham à propos de sa femme, Sara, disant qu'elle était sa sœur, a bâti une mauvaise fondation dans sa famille (Genèse 12 : 10-20, 20 : 1-18). Les descendants d'Abraham, notamment Isaac et Jacob, ont été confrontés à la même difficulté et ils ont répondu exactement comme leur père Abraham (Genèse 26 : 1-33, 27 : 1-46).
4) **La famille de Jacob :** Jacob a trompé son père Isaac pour arracher la bénédiction de son frère Ésaü (Genèse 27 : 1-46). Les descendants de Jacob, y compris ses fils, ont subi les conséquences de leurs propres péchés, notamment la jalousie et la haine des frères envers Joseph. Ils ont vendu Joseph parce qu'ils détestaient l'idée de le voir devenir influent, tel que révélé par les rêves (Genèse 37 : 1-36).
5) **La famille de David :** David a commis l'adultère avec Bath-Shéba et a tué son mari, son chef d'armée, pour couvrir le péché (2 Samuel 11 : 1-27). Le péché de David a entraîné une malédiction et des calamités sur sa famille : la mort de son fils issu de l'adultère avec Bath-Shéba, l'inceste, le viol et le meurtre d'un de ses fils par son frère, la rébellion d'Absalon et la division du royaume (2 Samuel 12 : 1-23 ; 15 : 1 37 ; 18 : 1-33).
6) **La famille d'Achab :** Achab a souillé le pays avec l'idolâtrie et le meurtre de Naboth pour récupérer sa vigne (1 Rois 21 : 1-29). Sa famille a été maudite et ses descendants, y compris son fils Joram,

ont brutalement été tués (1 Rois 21 : 20-24 ; 2 Rois 3 : 1-27 ; 9 : 1-37).

Ces exemples illustrent le principe biblique selon lequel les péchés des ancêtres peuvent avoir des conséquences sur leurs descendants. Cependant, il est essentiel de se rappeler que Dieu est un Dieu de miséricorde et de pardon et il désire briser les malédictions et restaurer les familles par la repentance et la foi.

**Exemples contemporains de familles victimes de malédictions :**
Des études ont révélé que les familles suivantes étaient victimes de malédictions.

1) **La famille Kennedy aux États-Unis :** une série d'évènements tragiques, dont l'assassinat de John F. Kennedy, de son frère Robert F. Kennedy et du fils de ce dernier, John F. Kennedy Jr., qui est décédé dans un accident d'avion, ont frappé cette famille.. Certains attribuent cela à une malédiction prononcée sur cette famille par une femme à qui Joseph P. Kennedy avait causé du tort.

2) **La famille Vanderbilt aux États-Unis :** la famille Vanderbilt était à une époque la famille la plus riche d'Amérique. Mais elle a été frappée de tragédies, telles que les querelles familiales, les scandales et les morts précoces. Certains attribuent cela à une malédiction jetée sur la famille par un homme d'affaires rival.

3) **La famille Habsbourg :** la famille Habsbourg qui a régné sur l'Autriche et la Hongrie pendant plus de 600 ans a été atteinte d'une série d'évènements tragiques, y compris l'assassinat de l'archiduc François Ferdinand qui a conduit à la Première Guerre mondiale. Certains attribuent cela à une malédiction prononcée sur la famille par une femme à qui l'Empereur Maximilian I a fait du mal.

4) **La famille du roi Sobhuza II du Swaziland :** la malédiction serait la cause d'une série d'évènements tragiques, notamment la mort de nombreux enfants et petits-enfants du roi.

5) **La famille du président Mobutu Sese Seko du Zaïre :** il se rapporte que le président Mobutu qui a dirigé le Zaïre (actuelle République démocratique du Congo) de 1965 à 1997, a été maudit par un politicien rival que le président avait lésé. La malédiction

aurait causé une succession d'évènements tragiques, notamment la mort de plusieurs enfants du président et la chute de son régime.

## Symptômes d'une famille liée

Voici quelques signes probables de liens familiaux. Ici, je révèle les symptômes et non les causes. Les symptômes vous conduiront aux causes. Par exemple, un mal de tête n'est pas une maladie, mais un symptôme associé à plusieurs maladies, y compris le paludisme. Le paracétamol est un calmant qui peut réduire les maux de tête, mais il ne peut pas guérir le paludisme. Ainsi, si vous vous contentez d'éliminer le mal de tête sans traiter le paludisme sous-jacent, vous n'aurez pas résolu le problème.

La pauvreté est un symptôme ; la paresse, l'infidélité ou l'oppression démoniaque en sont les causes. Le cycle de divorce et de remariages dans une famille est un symptôme ; l'immoralité ou la violence en sont les causes. Toute immoralité ou toute violence ont pour origine un péché qui sert de fondement légitime à la malédiction, selon les Proverbes 26, verset 2. Nous verrons plus tard que le point de départ pour traiter les liens familiaux, les calamités ou les captivités est de s'attaquer au péché qui a bâti la mauvaise fondation.

Si vous pensez que déclarer la guerre aux puissances des ténèbres ou accomplir quelques rituels avec du sel, de l'eau et un balai est suffisant pour délivrer votre famille d'une malédiction, vous blaguez. Il faut fermer la porte du péché.

Les familles liées qui ont besoin de délivrance présentent les symptômes suivants :

1) Les membres de la famille souffrent régulièrement de troubles mentaux et émotionnels.
2) Les membres de la famille souffrent régulièrement de maladies chroniques qui sont héréditaires et difficiles à soigner.
3) Des évènements tragiques, comme des assassinats, une mort précoce ou encore des accidents, qui surviennent dans la famille, tels que ceux mentionnés dans les familles ci-dessus.
4) La rupture de la famille. L'incapacité à garder un mariage. Les cycles de mariage et de divorce. L'infidélité dans le mariage est courante parmi les membres.

5) Plusieurs membres de la famille sont irresponsables (endettés, accro à la drogue, alcooliques, adonnés au jeu de hasard, etc.).
6) La stérilité prolongée chez différents membres de la famille. Je connais une famille qui n'a pas d'enfants. Si rien n'est fait, cette famille disparaîtra.
7) Les incompréhensions et les querelles sont fréquentes.
8) Les membres de la famille souffrent pour trouver des partenaires. Je connais une famille qui a de belles femmes, bien éduquées, qui sont dans la trentaine. Aucune d'elles n'est mariée. Durant mes 29 années de conseil pastoral, j'ai remarqué des schémas récurrents chez des personnes de tribus différentes au Cameroun. Je ne mentionnerai pas de noms. Fréquemment, certaines personnes viennent vers moi et se plaignent. Je demande : « êtes-vous de la tribu … ? » Et elles répondent oui. Ce n'est pas une révélation. J'ai observé les schémas. Les schémas que j'ai remarqués comprennent : le célibat chez les femmes, l'irresponsabilité chez les hommes, l'immoralité, la cupidité et autres.
9) Les membres de la famille travaillent dur, mais vivent dans la pauvreté, au jour le jour. Une fois, j'ai prié avec une femme qui avait dix enfants. Un seul d'entre eux, qui était né de nouveau, avait fait des études au-delà de l'école primaire. Tous les autres étaient laboureurs dans des plantations, survivant au jour le jour. Le père de cette dame lui a demandé de ne pas se marier, elle a donc eu ses enfants de plusieurs hommes.
10) Les membres de la famille sont en proie aux accidents.
11) Les membres de la famille commencent régulièrement de bons projets, mais ne les terminent jamais (exemple : ils quittent l'école précocement, ils sont toujours en train de débuter une nouvelle affaire).
12) Les limitations dans la vie (financière, spirituelle, professionnelle), etc.
13) Les cas de mort, suicides, etc. dans la famille (Deutéronome 28).

**Les péchés qui ouvrent la porte à Satan :**
Si vous croyez que votre famille est sous des liens, utilisez ces éléments pour identifier la cause :

1) **La désobéissance aux commandements de Dieu :** Deutéronome 28 : 15 dit :
   *« Mais si tu n'obéis point à la voix de l'Éternel, ton Dieu, si tu n'observes pas et ne mets pas en pratique tous ses commandements et toutes ses lois que je te prescris aujourd'hui, voici toutes les malédictions qui viendront sur toi et qui seront ton partage. »*

Le roi Saül a désobéi au commandement de Dieu de détruire les Amalécites. Il s'est également tourné vers l'idolâtrie (1 Samuel 15 : 1-35). En conséquence, sa famille a été maudite et ses fils sont morts dans une bataille.

2) **L'idolâtrie et les faux cultes :** Exode 20 : 3-5 dit :
   *« Tu n'auras pas d'autres dieux devant ma face. Tu ne te feras point d'image taillée, ni de représentation quelconque des choses qui sont en haut dans les cieux, qui sont en bas sur la terre, et qui sont dans les eaux plus bas que la terre. Tu ne te prosterneras point devant elles, et tu ne les serviras point; car moi, l'Éternel, ton Dieu, je suis un Dieu jaloux, qui punis l'iniquité des pères sur les enfants jusqu'à la troisième et la quatrième génération de ceux qui me haïssent. »*

La famille de Jéroboam a introduit l'idolâtrie en Israël (1 Rois 12 : 25-33). En conséquence, elle a été maudite et son fils Abija est mort.

Aujourd'hui, plusieurs familles souffrent à cause de la fondation de l'idolâtrie que leurs ancêtres ont bâtie et qui a ouvert la porte aux démons. Récemment, une femme est venue à notre bureau pour la prière de délivrance. Elle nous a dit que son père avait un autel dans leur maison et qu'il s'y rendait régulièrement à minuit pour adorer. Il ouvrait la fenêtre, invoquait et invitait des démons dans la maison. Aujourd'hui, la famille est misérable. Les enfants de cet homme vivent dans la pauvreté totale. Lorsque nous lui avons demandé d'appeler son frère qui vit à Nkongsamba, elle nous a dit qu'il n'avait pas de téléphone parce qu'il n'avait pas de moyens d'en acheter.

3) **L'injustice et l'oppression :** Ésaïe 10 : 1-2 dit :
*« Malheur à ceux qui prononcent des ordonnances iniques, Et à ceux qui transcrivent des arrêts injustes, Pour refuser justice aux pauvres, Et ravir leur droit aux malheureux de mon peuple, Pour faire des veuves leur proie, Et des orphelins leur butin ! »*

Le roi Achab a opprimé et tué Naboth pour prendre sa vigne. Dieu a maudit sa famille et tous les membres sont morts par l'épée (A Rois 21 : 1-29).

Mon oncle m'a raconté que des années auparavant dans mon village, certains hommes ont pendu et tué un homme pour récupérer son immeuble et ses filles. Une malédiction les a frappés et il m'a dit qu'aujourd'hui, ces familles sont presque inexistantes.

4) **L'immoralité et la fornication :** 1 Corinthiens 6 : 18-20 dit :
*« Fuyez l'impudicité. Quelque autre péché qu'un homme commette, ce péché est hors du corps ; mais celui qui se livre à l'impudicité pèche contre son propre corps. Ne savez-vous pas que votre corps est le temple du Saint-Esprit qui est en vous, que vous avez reçu de Dieu, et que vous ne vous appartenez point à vous-mêmes ? Car vous avez été rachetés à un grand prix. Glorifiez donc Dieu dans votre corps et dans votre esprit, qui appartiennent à Dieu. »*

Le roi David a commis l'adultère avec Bath-Shéba et a tué son mari Urie. En conséquence, sa famille a été maudite et son fils Absalon a tué son frère Amnon. Trop de malheurs se sont abattus sur sa famille.

Certaines maladies qui rongent les familles sont issues de l'adultère commis par un parent. Mon père m'a raconté l'histoire d'un homme dont la famille a été ruinée parce qu'il a pris la femme de son frère. Son frère l'a maudit.

5) **Le manque de pardon et l'amertume :** Matthieu 6 : 14-15 dit :
*« Si vous pardonnez aux hommes leurs offenses, votre Père céleste vous pardonnera aussi ; mais si vous ne pardonnez pas aux hommes, votre Père ne vous pardonnera pas non plus vos offenses. »*

Éphésiens 4 : 26-27 révèle que les démons se servent du manque de pardon pour envahir et détruire les gens. Ésaü a conçu l'amertume et le manque de pardon envers son frère Jacob (Genèse 27 : 1-46). En conséquence, la famille d'Ésaü a été maudite et ses descendants sont devenus ennemis d'Israël.

Aujourd'hui, certaines familles souffrent à cause des disputes et inimitiés de leurs ancêtres.

6) **Le déshonneur envers les parents :** Exode 20 : 12 dit :
   *« Honore ton père et ta mère, afin que tes jours se prolongent dans le pays que l'Éternel, ton Dieu, te donne. »*
   *« Maudit soit celui qui méprise son père et sa mère ! » (Deutéronome 27 : 16).*

Une malédiction s'abattra sur tout enfant qui déshonore ses parents et sa progéniture sera affectée.

7) **Briser les alliances et les vœux :** Nombres 30 : 2 déclare :
   *« Lorsqu'un homme fera un vœu à l'Éternel, ou un serment pour se lier par un engagement, il ne violera point sa parole, il agira selon tout ce qui est sorti de sa bouche. »*
   *« Maudit soit celui qui déplace les bornes de son prochain ! » (Deutéronome 27 : 17).*

Déplacer les bornes d'un terrain, résilier un contrat d'affaires ou faire autre chose de semblable attire des malédictions.
Certaines personnes souffrent parce qu'elles ont brisé leurs vœux de mariage, ce qui affecte leurs enfants.

8) **Voler et convoiter :** Exode 20 : 15, 17 déclare :
   *« Tu ne déroberas point. Tu ne convoiteras point la maison de ton prochain. »*

Acan a dérobé une partie du butin de la guerre et a caché le trésor sous sa tente (Josué 7 : 1-26). En conséquence, sa famille fut maudite et tuée par lapidation. Certaines familles sont maudites à cause des biens volés.

9) **Le meurtre et l'effusion du sang :** Genèse 9 : 5 déclare :

> *« Sachez-le aussi, je redemanderai le sang de vos âmes, je le redemanderai à tout animal; et je redemanderai l'âme de l'homme à l'homme, à l'homme qui est son frère. »*

Caïn a tué son frère Abel et a été maudit (Genèse 4 : 1-16). Examinez votre communauté et vous remarquerez que, dans plusieurs familles où les pères étaient des bourreaux, des marchands d'esclaves ou des meurtriers, les gens meurent prématurément, certains meurent par accident ou de manière violente, ou alors ils sont violents.

**Qu'est-ce que Dieu a pourvu pour la délivrance de la famille ?**
Voici quelques provisions bibliques pour la délivrance des malédictions et liens familiaux :

**1. La repentance et la confession**
1 Jean 1 : 9 déclare :
> *« Si nous confessons nos péchés, il est fidèle et juste pour nous les pardonner, et pour nous purifier de toute iniquité. »*

Lorsque les enfants d'Israël ont décidé de se repentir de leur idolâtrie et de retourner à Dieu de tout leur cœur, Dieu est descendu au milieu d'eux et les a délivrés des Philistins. Voici ce que leur a dit le prophète Samuel :
> *« Samuel dit à toute la maison d'Israël : Si c'est de tout votre cœur que vous revenez à l'Éternel, ôtez du milieu de vous les dieux étrangers et les Astartés, dirigez votre cœur vers l'Éternel, et servez-le lui seul ; et il vous délivrera de la main des Philistins. Et les enfants d'Israël ôtèrent du milieu d'eux les Baals et les Astartés, et ils servirent l'Éternel seul »* (1 Samuel 7 : 3-4).

Si vous voulez que Dieu délivre votre famille du harcèlement démoniaque, repentez-vous de l'idolâtrie, brûlez les idoles (Deutéronome 7 : 1-4) et servez l'Éternel seul.

Malheureusement, les gens veulent la délivrance et la prospérité sans la repentance. Si vous donnez de l'argent à n'importe qui pour la délivrance de votre famille des malédictions et des mauvaises fondations sans toutefois vous repentir et jeter les idoles, vous gaspillez votre temps précieux et votre argent durement gagné.

## 2. Le pardon

Matthieu 6 : 14-15 dit :

> « *Si vous pardonnez aux hommes leurs offenses, votre Père céleste vous pardonnera aussi ; mais si vous ne pardonnez pas aux hommes, votre Père ne vous pardonnera pas non plus vos offenses.* »

Dieu veut nous pardonner, chacun et chacune d'entre nous, ainsi que nos familles. Nous devons également être prêts à pardonner et à oublier nos blessures. Joseph a pardonné à ses frères qui l'avaient vendu et a restauré sa famille (Genèse 45 : 1-15).

Voulez-vous que votre famille soit délivrée des malédictions et des mauvaises fondations ? Pardonnez du fond du cœur à ceux qui vous ont offensé. J'ai accompagné un membre de l'église à son village à Mbouda pour l'enterrement de son père. J'ai remarqué que leurs voisins au village ne se souciaient pas de ce qui se passait dans la concession du défunt. Lorsque j'ai demandé, il m'a répondu que les parents des deux concessions avaient été ennemis pendant plus de cinquante ans et les deux familles ne se saluaient pas. Votre famille vit peut-être une situation similaire. S'il vous plaît, réglez cela.

## 3. La rédemption par le sang de Christ

Galates 3 : 13-14 dit :

> « *Christ nous a rachetés de la malédiction de la loi, étant devenu malédiction pour nous-car il est écrit : Maudit est quiconque est pendu au bois, afin que la bénédiction d'Abraham eût pour les païens son accomplissement en Jésus-Christ, et que nous reçussions par la foi l'Esprit qui avait été promis.* »

Le but de la malédiction est de détruire. Jésus a porté nos malédictions sur la croix et a été crucifié. Il est mort pour vous. Venez à lui et recevez la liberté par la foi. Dès que vous vous abandonnez à Jésus-Christ et que vous décidez de le suivre comme son disciple, toute malédiction dans votre vie perd sa légitimité.

Ceci est basé sur l'œuvre accomplie de la croix – le prix payé pour vous par lequel vous pouvez fièrement réclamer votre liberté par le sang de Jésus-Christ. Pour vous il est devenu une malédiction et il est mort ? Pourquoi devriez-vous mourir à nouveau ? Une dette est payée une fois. Jésus l'a payée pour vous, une fois pour toutes. Pourquoi devez-vous porter la malédiction qu'il a portée à la croix ? Accepter que les démons vous tourmentent par des malédictions équivaut à dire que Jésus est mort en vain. A Dieu ne plaise !

4. **Le combat spirituel**

   *« Voici les miracles qui accompagneront ceux qui auront cru : en mon nom, ils chasseront les démons » (Marc 16 : 17).*

   *« Puis, ayant appelé ses douze disciples, il leur donna le pouvoir de chasser les esprits impurs, et de guérir toute maladie et toute infirmité » (Matthieu 10 : 1).*

   *« Mais cette sorte de démon ne sort que par la prière et par le jeûne » (Matthieu 17 : 21).*

Après que vous ayez abandonné votre vie à Christ et que vous vous soyez repenti de vos iniquités (vous détourner d'eux), vous vous engagez dans le combat spirituel contre les puissances des ténèbres. Cela demandera peut-être un temps de jeûne. Prenez du temps pour jeûner et combattre les pouvoirs sataniques.

Pendant votre combat, les anges vous assisteront (Hébreux 1 : 4).

5. **L'onction du Saint-Esprit :** Actes 1 : 8 déclare :

   *« Mais vous recevrez une puissance, le Saint-Esprit survenant sur vous, et vous serez mes témoins à Jérusalem, dans toute la Judée, dans la Samarie, et jusqu'aux extrémités de la terre. »*

   *« En ce jour, son fardeau sera ôté de dessus ton épaule, Et son joug de dessus ton cou; Et la graisse fera éclater le joug » (Ésaïe 10 : 27).*

Dieu nous a donné l'onction pour détruire les œuvres de Satan. À ce niveau, recherchez de l'aide auprès des serviteurs de Dieu oints si vous êtes incapable de gérer la situation.

6. **La restauration divine :** la Bible déclare dans Joël 2 : 25-26 :

   *« Je vous remplacerai les années Qu'ont dévorées la sauterelle, Le jélek, le hasil et le gazam, Ma grande armée*

*que j'avais envoyée contre vous. Vous mangerez et vous vous rassasierez, Et vous célébrerez le nom de l'Éternel, votre Dieu, Qui aura fait pour vous des prodiges; Et mon peuple ne sera plus jamais dans la confusion.* »

Dieu a prévu de nous restaurer ce que nous avons perdu après la délivrance. Après la délivrance de Job, Dieu lui a rendu le double de ce qu'il avait perdu (Job 42 : 10-17).

### Les étapes de la délivrance familiale

Voici un guide général à suivre pour briser les malédictions, les liens, les autels diaboliques et conduire la délivrance de la famille.

## La préparation

1) **Collectez des informations** : certaines personnes appellent cela la cartographie spirituelle. Faites des recherches sur l'histoire de votre famille, notamment les traumatismes passés, les péchés et les forteresses. Cela vous aidera à identifier les problèmes auxquels vous ferez face et à savoir comment prier. Procurez-vous un exemplaire du livre *Délivrance personnelle et familiale*. Ce livre vous guidera sur ce sujet.

2) **Priez et jeûnez** : avant de commencer la délivrance, passez du temps dans le jeûne et la prière pour chercher la conduite de Dieu, la sagesse et la puissance. La personne qui dirige le programme décidera comment le jeûne doit se passer.

3) **Rassemblez la famille** : commencez par ceux qui sont sauvés et consacrés à Jésus-Christ. Après avoir prié avec eux, partagez l'idée avec les autres. Certains ne voudront pas confier la famille à Dieu parce qu'ils profitent de l'idolâtrie présente dans la famille. Certains chefs de famille craignent de perdre le pouvoir sur la famille s'ils deviennent de fervents chrétiens.

## Étapes pour la délivrance familiale :

Suivez ces étapes pendant la session de prière.

1) *Repentez-vous et confessez vos péchés :* conduisez votre famille à se repentir et à confesser leurs péchés, y compris ceux des générations passées (Lévitique 26 : 40-42, 1 Jean 1 : 9).

2) ***Le pardon :*** encouragez les membres de la famille à se pardonner individuellement et à pardonner aux autres, à se libérer de l'amertume et de la rancune (Matthieu 6 : 14-15). Assurez-vous que ceci soit fait avant la procédure.

3) ***La renonciation :*** que les membres de la famille renoncent à tout engagement dans les pratiques occultes, la franc-maçonnerie ou toute autre organisation qui pourrait contribuer à ce lien.

4) ***Brûlez les objets sataniques :*** détruisez tous les objets sataniques et les idoles que vous gardez. Ce n'est pas assez de prier et de bâtir des autels. Vous devez détruire les idoles (Deutéronome 7 : 1-4).

5) ***Briser les malédictions :*** priez pour briser toutes les malédictions que vous avez identifiées et qui affectent votre famille (Galates 3 : 13-14 et Deutéronome 21 : 23).

6) ***L'onction et la prière :*** il vous faudra oindre les membres de la famille avec de l'huile et prier pour leur délivrance et leur guérison en utilisant les passages tels que Jacques 5 : 14-15 et Marc 6 : 13.

7) ***Le combat spirituel :*** engagez-vous dans le combat spirituel, priez contre les forteresses démoniaques qui affectent votre famille (Éphésiens 6 : 10-20).

8) ***La restauration et la guérison :*** priez pour la restauration et la guérison dans les domaines où votre famille souffre de lien ou de douleur (Joël 2 : 25-26).

9) ***Bâtissez un autel familial :*** (pour connaître les étapes de la construction d'un autel, lisez mes ouvrages intitulés *Bâtir un autel* et *Restauration de la famille*, tome 1 » Pour passer une commande, veuillez composer le numéro +237 681722404).

## Passez à l'action maintenant !

Avez-vous découvert en lisant que votre famille est sous des liens ? Ne courez pas partout à la recherche d'un prophète pour votre délivrance. Adoptez une posture calme maintenant et suivez méticuleusement les instructions fournies dans ce livre.

Ne me dites pas que vous manquez de puissance spirituelle ou d'autorité. J'étais un jeune croyant en 1994 lorsque j'ai conduit ma famille dans le combat. Je ne comptais pas mes années dans la foi et je ne m'appuyais pas sur ma propre force. Je ne me souciais pas du tout de ce que le diable disait, je voulais seulement que ma famille soit libérée. Ne restez pas silencieux pendant que votre famille continue à souffrir. Levez-vous et passez à l'action. Commencez le combat et Dieu vous soutiendra.

## SUJETS DE PRIÈRE
### *Actions de grâce :*
1. *Père, merci de nous avoir rachetés par le sang de Jésus de toute malédiction de la loi, au nom de Jésus.*
2. *Seigneur, je te remercie de nous avoir donné autorité sur les serpents, les scorpions et toute la puissance de l'ennemi, au nom de Jésus.*
3. *Merci pour les témoignages de délivrance et de restauration que tu as déjà accomplis dans les familles, au nom de Jésus.*
4. *Père, je te remercie pour la promesse que la bénédiction d'Abraham nous appartient par Jésus-Christ, au nom de Jésus.*

### *Repentance et confession :*
5. *Père, pardonne-nous tous les péchés qui ont ouvert la porte à l'esclavage familial, au nom de Jésus.*
6. *Seigneur, nous nous repentons de l'idolâtrie, du faux culte et de la dépendance aux autels démoniaques dans notre famille, au nom de Jésus.*
7. *Père, pardonne-nous l'injustice, l'oppression et les effusions de sang commises par nos ancêtres, au nom de Jésus.*
8. *Seigneur, aie pitié de nous pour l'immoralité, les vœux rompus et le déshonneur envers nos parents qui ont apporté des malédictions, au nom de Jésus.*
9. *Père, purifie notre famille avec le sang de Jésus de tout péché caché qui a donné à l'ennemi un terrain légal, au nom de Jésus.*

### *Briser les fondements maléfiques :*
10. *Que tous les fondements maléfiques de pauvreté et de stagnation dans ma famille soient détruits par le feu, au nom de Jésus.*
11. *Je brise toutes les malédictions de mort prématurée et de tragédies intempestives dans ma maison, au nom de Jésus.*
12. *Seigneur, démantèle tous les autels d'idolâtrie et de sorcellerie qui s'élèvent contre ma famille, au nom de Jésus.*
13. *Par le sang de Jésus, je brise toute malédiction héritée de la maison de mon père et de ma mère, au nom de Jésus.*

14. Tout homme fort qui impose des fondements maléfiques dans ma lignée, sois renversé maintenant, au nom de Jésus.
15. Seigneur, déracine toute graine démoniaque semée dans les fondements de ma famille, au nom de Jésus.
16. Je déclare que toute alliance avec la mort et la destruction dans ma lignée est annulée, au nom de Jésus.

**Délivrance des symptômes de l'esclavage :**

17. Seigneur, brise le cycle des échecs conjugaux et des divorces dans ma famille, au nom de Jésus.
18. Père, détruis tout schéma générationnel de stérilité et d'infécondité, au nom de Jésus.
19. Seigneur, brise les chaînes de la dépendance, de l'irresponsabilité et de l'endettement dans notre foyer, au nom de Jésus.
20. Père, annule tout schéma générationnel d'échec au bord du succès dans notre famille, au nom de Jésus.
21. Je brise la malédiction des maladies chroniques et héréditaires dans ma lignée familiale, au nom de Jésus.
22. Seigneur, arrête toute tragédie, tout accident ou toute mort prématurée récurrents dans notre foyer, au nom de Jésus.

**Combat spirituel :**

23. Ô Seigneur, Dieu de vengeance, lève-toi et resplendis dans ma vie. Disperse tous les ennemis de la justice, au nom de Jésus.
24. Juge de la terre, lève-toi et punis les orgueilleux pour leur méchanceté à mon égard, au nom de Jésus.
25. Que toute voix des méchants qui se vantent contre moi soit réduite au silence par ton jugement, au nom de Jésus.
26. Ô Seigneur, ceux qui oppriment et affligent ton peuple, que leur méchanceté prenne fin, au nom de Jésus.
27. Père, toute puissance qui cherche à tuer, voler ou détruire les sans défense, lève-toi et juge-les, au nom de Jésus.
28. Seigneur, expose tous les malfaiteurs qui pensent que tu ne les vois pas ; révèle ta puissance dans le camp des méchants, au nom de Jésus.
29. Que tous les insensés qui se moquent de ta justice dans ma vie soient réduits au silence par la sagesse et le jugement divins, au nom de Jésus.

30. *Toi qui as créé l'oreille et l'œil, lève-toi et écoute notre cri ; vois notre affliction et venge-nous, au nom de Jésus.*
31. *Que toute structure et toute loi méchantes conçues contre les justes soient renversées par ta puissance, au nom de Jésus.*
32. *Père, que la justice revienne aux justes et que les hommes au cœur droit se réjouissent à nouveau, au nom de Jésus.*
33. *Je libère le feu de Dieu pour consumer tous les serpents et dragons qui harcèlent ma famille, au nom de Jésus.*
34. *Que chaque gardien démoniaque qui bloque le progrès de ma famille soit éliminé par le feu, au nom de Jésus.*
35. *Je fais taire chaque voix maléfique qui crie contre ma famille sur les autels démoniaques, au nom de Jésus.*
36. *J'ordonne à chaque esprit surveillant qui suit ma famille d'être aveuglé, au nom de Jésus.*
37. *Par l'autorité du Christ, je piétine tous les scorpions et serpents assignés contre ma lignée, au nom de Jésus.*
38. *Je déclare la guerre aux esprits ancestraux qui imposent des malédictions familiales, au nom de Jésus.*

## Pardon et guérison :

39. *Père, donne-nous la grâce de nous pardonner les uns les autres et de briser le cycle de l'amertume, au nom de Jésus.*
40. *Seigneur, guéris toutes les blessures et restaure les relations familiales brisées, au nom de Jésus.*
41. *Père, remplace la haine générationnelle par l'amour et l'unité générationnels, au nom de Jésus.*
42. *Seigneur, restaure la paix là où les querelles, les divisions et les inimitiés ont régné dans notre famille, au nom de Jésus.*
43. *Par le sang de Jésus, j'annule toute malédiction qui s'oppose à ma famille, au nom de Jésus.*
44. *Que le sang de Jésus fasse taire toute accusation contre notre famille, au nom de Jésus.*
45. *Par le sang de Jésus, nous récupérons toutes les bénédictions volées à notre famille, au nom de Jésus.*
46. *Nous déclarons que le sang de Jésus a racheté notre famille de toute servitude, au nom de Jésus.*

### Restauration et nouvelles fondations :

47. Père, restaure tout ce que l'ennemi a volé à notre famille, au nom de Jésus.
48. Père, que les années perdues à cause des malédictions et des servitudes soient restaurées au double, au nom de Jésus.
49. Seigneur, établis une nouvelle fondation de justice et de bénédiction dans notre famille, au nom de Jésus.
50. Que nos enfants et les générations futures marchent dans la liberté et la bénédiction, au nom de Jésus.

Chapitre 7
Jours 19-21

# Cultiver la persévérance

*« En sorte que vous ne vous relâchiez point, et que vous imitiez ceux qui, par la foi et la persévérance, héritent des promesses »*
*(Hébreux 6 : 12, Semeur)*

La persévérance est plus que de la détermination ou de la résilience ; c'est une force spirituelle qui soutient une famille à travers les épreuves, les transitions et les triomphes. Dans un monde où tout doit être instantané et où les décisions sont prises de manière impulsive, une famille qui veut perdurer et s'épanouir doit être ancrée dans une persévérance remplie de foi.

L'impatience, la gratification instantanée et la mentalité du raccourci ont détruit de nombreuses familles. Dieu désire que ta famille marche dans sa bénédiction, mais cette bénédiction s'obtient à travers un processus, et non par une solution miraculeuse ou un miracle instantané. Malheureusement, beaucoup de gens veulent le résultat sans passer par le processus. Comment pouvez-vous arriver à destination sans faire le voyage ?

Pour recevoir véritablement ce que Dieu a prévu, vous devez passer par le processus : marcher avec lui dans la patience et la foi. Les raccourcis ne vous mèneront jamais à son plan parfait pour vous. Les bénédictions durables demandent du temps, de la confiance et de l'endurance spirituelle. Si vous êtes disposé à cela, Dieu vous fortifiera et vous aidera à développer votre capacité à persévérer. Avec lui, votre famille peut surmonter les retards et les déceptions et avancer vers tout ce qu'Il a préparé pour vous, étape par étape, saison après saison.

Il faut du temps pour construire une grande famille. En fait, chaque famille admirable a connu des hauts et des bas. Mais la grâce de Dieu les élève lorsqu'elles le suivent patiemment. Changez votre façon d'interpréter les revers dans votre famille, et les choses changeront.

## Une invitation en Amérique

En août 2000, une nouvelle révolutionnaire a été annoncée à la radio : ma mère, une femme dévouée et leader des femmes rurales dans le département de Lebialem, dans la région Sud-Ouest du Cameroun, avait été sélectionnée pour représenter les femmes rurales camerounaises dans le cadre d'un programme au siège des Nations Unies à New York. Quelle visitation divine ! La joie a explosé dans notre famille. « Enfin, avons-nous pensé, quelqu'un de notre famille ira en Amérique. Loué soit Dieu ! »

À l'époque, elle se trouvait à Bafang, où elle aidait ma femme à s'occuper de notre nouveau-né. Mais à l'annonce de cette nouvelle, elle s'est précipitée à Buea pour entamer les démarches nécessaires au voyage. Malgré des difficultés financières, elle a miraculeusement obtenu le premier passeport de notre famille et a demandé un visa américain avec d'autres femmes leaders invitées au programme des Nations Unies.

À notre grande surprise, l'ambassade des États-Unis lui a accordé un visa de six mois, soit deux fois plus long que celui accordé aux autres femmes. Cependant, il y a eu un rebondissement douloureux. Elle avait besoin de 700 000 FCFA (environ 1 000 dollars) pour acheter son billet d'avion, et nous ne pouvions tout simplement pas réunir cette somme. Bien que l'organisation qui l'avait invitée ait promis de rembourser les participantes, cela ne nous a pas aidés à obtenir un prêt pour elle. Toutes les portes auxquelles nous avons frappé sont restées fermées. Finalement, les autres femmes ont voyagé et sont revenues. Ma mère est restée derrière, son visa en main, le cœur brisé.

Certains amis lui ont chuchoté : « Vends le visa. »
Elle m'en a parlé.

« Non, maman », j'ai répondu fermement. « Ne le vends pas. Je vais l'encadrer et l'accrocher à mon mur. Un jour, je dirai à tes petits-enfants : « Votre grand-mère avait un visa pour les États-Unis, mais la pauvreté l'a empêchée d'y aller. » Elle est retournée dans notre village, Bamumbu, et la vie a continué. Mais, environ un mois avant l'expiration du visa, un homme qui travaillait au bureau divisionnaire et qui venait souvent manger chez nous lui a posé des questions sur son voyage. Choqué qu'elle n'ait pas voyagé, il lui a proposé un prêt de 500 000 FCFA (environ 700 dollars). Elle a accepté. Mais un autre problème s'est posé : qui l'accueillerait en Amérique ? Après de longues recherches, quelqu'un l'a mise en contact avec une femme du Maryland qui avait besoin d'aide pour s'occuper de ses enfants. Ma mère a saisi cette opportunité et a pris l'avion.

Quelques semaines plus tard, j'ai reçu un appel depuis une cabine téléphonique. « C'est moi, pasteur », m'a-t-elle dit. « Je suis en Amérique, et tout se passe bien. » Vous ne pouvez pas imaginer la joie qui a envahi mon cœur. Plus tard, elle m'a rappelé et m'a dit : « Ils disent que je devrais demander l'asile pour pouvoir faire venir tes frères et sœurs et toi. »
J'ai marqué une pause, puis je lui ai dit : « Maman, ne mens pas pour rester aux États-Unis. Reviens. Dieu trouvera un autre moyen. »
Elle a suivi mon conseil, annulant la procédure et perdant 500 dollars en frais juridiques. Mais elle a gagné quelque chose d'inestimable : l'intégrité. À son retour, je lui ai prophétisé : « Tu repartiras. »
Deux semaines plus tard, une autre invitation est arrivée et, en juillet 2002, elle est retournée aux États-Unis, cette fois avec mon jeune frère, qui avait été admis à l'université de Dallas, au Texas.

À cause d'un séjour prolongé lors de sa première visite, l'ambassade américaine lui a ensuite refusé le droit de voyager pendant des années. Mais en 2025, elle a finalement pu voyager à nouveau, avec son mari, et tous deux ont obtenu leur carte verte.
Cette même carte verte que l'ennemi lui promettait en usant de ruse, Dieu la lui a donnée gratuitement, en son temps.

Aujourd'hui, quinze membres de notre famille vivent aux États-Unis, trois au Canada, et les portes des nations se sont ouvertes à notre foyer. Par la grâce de Dieu, j'écris cette histoire depuis la Belgique, après avoir visité les États-Unis et la France. Ce n'est pas de la vantardise. C'est un témoignage. Nous avons suivi le chemin difficile et patient et nous avons récolté des bénédictions durables. C'est le pouvoir de la persévérance, de l'obéissance et de l'intégrité. Cela vaut la peine d'être imité !

**Le chemin sera difficile**
Mes débuts ont été douloureusement difficiles. Je ne savais pas alors que j'étais inscrit à l'académie de formation de Dieu. Plus tard, j'ai clairement compris que Dieu me destinait à une tâche plus importante.
Une nuit de 1995, alors que j'étudiais à l'Institut biblique du plein évangile (IBPE), je me suis assis tranquillement sur mon lit dans le dortoir, sanglotant silencieusement. J'ai pleuré et j'ai demandé à Dieu : « Pourquoi m'as-tu oublié ? » Je me suis finalement endormi et j'ai fait un rêve qui m'a marqué à vie.

Dans ce rêve, je me tenais devant le dortoir avec mes camarades de classe. Nous avons vu un grand bananier avec un énorme régime immature. Ils ont essayé de le récolter avec des bambous. Alors que je m'avançais pour faire de même, une voix m'a dit : « Ne fais pas ça ! Attends qu'il soit mûr. » Je me suis arrêté. Soudain, je me suis retrouvé sur le terrain de football de l'école, devant un grand manguier chargé de fruits verts. Une fois de plus, mes amis ont essayé de les récolter. La voix a répété : « Ne fais pas ça ! Attends que les fruits soient mûrs. Quand le moment sera venu, secoue simplement les branches et ramasses-en autant que tu veux. »

À mon réveil, j'ai entendu Dieu dire : « Tes débuts seront difficiles, mais ta fin sera glorieuse. » Ces paroles m'ont aidé à traverser de nombreuses tempêtes dans mon ministère. Même aujourd'hui, je les entends dans mon esprit : « Continue, ta fin sera glorieuse. » Le chemin avec Dieu peut être difficile, mais la fin est toujours glorieuse.

Lorsque nous venons à Christ pour la première fois, Dieu nous donne souvent une image prophétique de notre destinée. Si vous êtes spirituellement éveillé, vous pouvez en avoir un aperçu, souvent à travers des rêves, des visions ou des impressions intérieures. Ces premières révélations sont comme des plans divins destinés à ancrer votre foi et à guider votre cheminement de vie. Restez vigilant, Dieu vous parlera.

**C'est votre partage**
En 1997, alors que j'effectuais ma première mission pastorale à Bafang,

j'ai participé à une retraite d'une semaine consacrée au jeûne et à la prière. Chaque jour, je me levais tôt pour rechercher Dieu, lire les Écritures, méditer et prier du matin au soir. Un après-midi, je lisais le livre de Josué, en particulier les chapitres décrivant comment Dieu avait réparti la Terre promise entre les tribus d'Israël. Après avoir lu pendant un certain temps, je me suis arrêté et j'ai demandé : « Père, qu'est-ce que cela a à voir avec moi ? Quelle est ma part dans tout cela ? » À ma grande surprise, j'ai entendu une voix claire et audible : « Ta part se trouve dans Ésaïe 54. »

Je me suis rapidement tourné vers ce chapitre. En le lisant, les mots correspondaient exactement à un rêve que j'avais fait deux ans plus tôt, dans lequel Dieu disait : « Ton commencement sera stérile, mais ta fin sera abondamment fructueuse. »

Depuis ce jour, Ésaïe 54 est devenu le fondement de ma vie et de mon ministère. C'est de là que j'ai reçu mon message, ma mission et mon manteau pour la restauration de mon ministère. Année après année, j'ai patiemment vu les promesses d'Ésaïe 54 se réaliser avec précision, confirmant qu'elles constituaient effectivement ma portion prophétique. Tout comme Ésaïe 61 était le verset de vie de Jésus, Ésaïe 54 a été le mien.

Votre part en Christ viendra à travers un processus. Soyez prêt à suivre le Seigneur fidèlement, patiemment et courageusement.

### Qu'est-ce que la persévérance ?

Le mot « persévérance » dans l'Ancien Testament est traduit de l'hébreu « qavah », qui signifie « attendre avec impatience ou espérer avec espoir », comme on le voit dans Ésaïe 40 : 31 : *« Ceux qui espèrent en l'Éternel renouvellent leur force. »* La persévérance inclut donc une attente pleine d'espoir.

Dans le Nouveau Testament, le terme « persévérance » est traduit du grec *« hypomone »*, qui signifie « endurance, constance, persévérance patiente ou résistance sous la pression ». Il trouve son origine dans l'idée de supporter un lourd fardeau sans abandonner.

Concrètement, la persévérance est l'endurance constante et patiente qui consiste à continuer à faire ce qui est juste et à faire confiance à Dieu, même lorsque c'est difficile, long ou douloureux. C'est la force intérieure qui permet de rester fidèle malgré les obstacles, les souffrances ou le découragement.

La persévérance sert de base solide à la bénédiction familiale :

> *« Mieux encore ! Nous tirons fierté même de nos détresses, car nous savons que la détresse produit la persévérance, la persévérance conduit à la victoire dans l'épreuve, et la victoire dans l'épreuve nourrit l'espérance » (Romains 5 : 3-4 Semeur).*

Les épreuves sont le terrain d'entraînement de Dieu pour la persévérance, qui mène à la maturité spirituelle et à l'espoir.

> *« Heureux l'homme qui tient ferme face à la tentation, car après avoir fait ses preuves, il recevra la couronne du vainqueur : la vie que Dieu a promise à ceux qui l'aiment. » (Jacques 1 : 12 Semeur).*

L'endurance à travers les épreuves mène à la récompense et à la bénédiction.

> *« Car il vous faut de la persévérance, afin qu'après avoir accompli la volonté de Dieu vous obteniez ce qu'il a promis » (Hébreux 10 : 36 Semeur).*

La persévérance est le pont entre l'obéissance et la promesse accomplie.

Les épreuves ne brisent pas une famille bénie, elles la raffinent. La patience et la fidélité développent en elle l'endurance spirituelle et un caractère pieux.

### Les promesses de Dieu prennent du temps

> *« Ainsi vous ne vous relâcherez pas, mais vous imiterez ceux qui, par leur foi et leur attente patiente, reçoivent l'héritage promis » (Hébreux 6 : 12 Semeur)*

Les promesses de Dieu prennent du temps. Cependant, vous devez accepter ce processus. Ce passage s'adresse aux croyants qui commençaient à se lasser et à envisager de renoncer à leur foi en Jésus-Christ. L'auteur de l'épître aux Hébreux les met en garde contre la passivité spirituelle et les exhorte à imiter la foi et la patience des patriarches, en particulier Abraham (voir versets 13-15), qui a reçu la promesse de Dieu d'une grande famille et d'un avenir après des années d'attente et de lutte.

Abraham est un modèle de croyant qui a suivi et servi Dieu fidèlement et patiemment jusqu'à ce qu'il reçoive ses promesses. Abraham a servi Dieu et est devenu le père de la foi, sans pasteur pour le suivre, sans communauté ecclésiale pour le soutenir, ni Bible pour le guider. Nous devons suivre son exemple.

La famille d'Abraham portait une promesse divine :
***« Je ferai de toi une grande nation » (Genèse 12 : 2).***
Pourtant, cette promesse ne s'est pas réalisée instantanément. En fait, elle s'est déroulée sur plusieurs générations et à travers de nombreuses difficultés. Abraham et Sarah ont lutté contre la stérilité pendant 25 ans avant la naissance d'Isaac (Genèse 21 : 5). Mais le schéma ne s'est pas arrêté là. Isaac et Rebecca ont également lutté contre l'infertilité pendant 20 ans avant la naissance de Jacob et Ésaü (Genèse 25 : 20-26). Puis Rachel, la femme bien-aimée de Jacob, a attendu plusieurs années, au moins 7 à 14 ans après son mariage, avant que Joseph ne naisse enfin (Genèse 30 : 22-24).

Dieu accomplissait ses desseins dans la famille d'Abraham à travers ces retards. Il ne s'agissait pas seulement d'avoir des enfants, mais d'élever une lignée de croyants qui pourraient gérer cette bénédiction. Une fois Joseph né, le vent a tourné. Grâce à lui, les israélites furent amenés en Égypte, où ils se multiplièrent considérablement (Exode 1 : 7). Mais entre Abraham et la naissance de Moïse, qui conduisit Israël hors d'Égypte, environ 500 ans s'étaient écoulés !

La leçon à tirer de cela est que les promesses de Dieu sont certaines, mais qu'elles ne se réalisent pas toujours instantanément. Elles se concrétisent au fil du temps et à travers des épreuves. Certaines des promesses les plus séduisantes que Dieu a faites à votre famille peuvent vous obliger à endurer une ou plusieurs périodes de stérilité avant d'en voir les fruits.

Si vous succombez à l'impatience, vous pourriez établir une mauvaise base dans votre famille. Sara, dans un moment d'impatience, a présenté Agar à Abraham, une décision culturellement acceptable, mais spirituellement néfaste (Genèse 16 : 1-4). Ismaël est né, mais il n'était pas le fils de la promesse. Cet acte de compromis a introduit une tension générationnelle entre les Juifs et les Arabes qui affecte encore le monde aujourd'hui.

La foi sans patience conduit à des décisions charnelles. Ne vous contentez pas d'un Ismaël alors que Dieu vous a promis un Isaac. Quelle que soit la pression, attendez que Dieu agisse au moment opportun.

***« Il a fait toute chose belle en son temps » (Ecclésiaste 3 : 11).***

Les bénédictions ne sont merveilleuses et durables que lorsqu'elles arrivent au bon moment. Les mangues sont bonnes, mais elles sont immangeables si vous les récoltez avant leur maturité. Une voiture est une bonne chose, mais vous devrez peut-être emprunter de l'argent pour acheter du carburant si vous l'achetez au mauvais moment. Tout doit être fait au bon moment. Attendez le moment choisi par Dieu !

**Des familles bibliques bénies grâce à leur persévérance**
La Bible regorge d'exemples d'hommes et de femmes qui, grâce à leur persévérance inébranlable, ont conduit leurs familles vers des bénédictions divines et ont eu un impact sur plusieurs générations. Ils n'ont pas abandonné face aux épreuves, aux retards ou aux déceptions. Au contraire, ils ont persévéré avec foi, ont obéi à Dieu dans les moments difficiles et sont devenus des instruments de percée surnaturelle pour leurs familles. Examinons trois de ces personnes remarquables :

**1. La famille de Noé** – *sauvée grâce à une obéissance persévérante*
La famille de Noé n'a pas été préservée par hasard, mais grâce à des décennies d'obéissance persévérante. Bien qu'il ait été averti d'un déluge que personne n'avait jamais vu, Noé a construit l'arche comme Dieu le lui avait commandé, malgré les moqueries et les retards (Genèse 6 : 22). Il a travaillé pendant 120 ans pour mener à bien ce projet. Son obéissance et sa persévérance inébranlables sont devenues l'arche du salut pour toute sa famille.

> *« C'est par la foi que Noé... a construit un bateau pour sauver sa famille » (Hébreux 11 : 7 Semeur).*

Dans un monde de compromis, il est resté ferme. Grâce à sa persévérance, sa famille a été épargnée par le jugement (Genèse 7 : 1).

Vivez-vous dans l'obéissance, mais êtes-vous toujours confronté à des défis insurmontables ? Que l'exemple de Noé vous rappelle que l'obéissance fidèle peut prendre du temps, mais qu'elle garantit des résultats durables pour des générations. Ne vous lassez pas de faire la volonté de Dieu ; votre famille sera bénie.

**2. Job** – *La persévérance qui restaure une famille*
L'histoire de Job est l'une des images les plus explicites de la Bible sur la

persévérance face à une perte inimaginable. En une seule saison, il a perdu ses enfants, sa richesse, sa santé et sa réputation. Même sa femme l'a exhorté à maudire Dieu et à mourir (Job 2 : 9). Job a su rester intègre et fidèle à sa foi, malgré les épreuves et les souffrances qu'il a endurées. Bien que son cœur ait été brisé et son corps dévasté, il n'a jamais cessé de vénérer Dieu. La Bible dit :

> *« Alors Job se leva, déchira son manteau, et se rasa la tête; puis, se jetant par terre, il se prosterna, et dit : Je suis sorti nu du sein de ma mère, et nu je retournerai dans le sein de la terre. L'Éternel a donné, et l'Éternel a ôté; que le nom de l'Éternel soit béni ! En tout cela, Job ne pécha point et n'attribua rien d'injuste à Dieu » (Job 1 : 20-22).*

Sa persévérance n'était pas parfaite, mais elle était inébranlable. Il ne s'est pas détourné de la foi, même lorsque Dieu semblait silencieux.

Job 42 révèle le résultat de cette persévérance : Dieu l'a restauré et lui a donné le double de ce qu'il avait perdu. Ses filles ont été honorées et sa lignée familiale a été préservée. La persévérance de Job ne l'a pas seulement racheté, elle a restauré sa famille et est devenue un témoignage générationnel. Son histoire est une bénédiction pour nous aujourd'hui.

Votre famille est-elle confrontée à des pertes et à des échecs ? Apprenez de Job. Votre persévérance dans la foi et votre obéissance à Dieu vous délivreront et vous restaureront. La puissance de Dieu agira et ouvrira la porte à une restauration surnaturelle, au nom de Jésus.

### 3. Zacharie et Élisabeth – *La persévérance qui donne naissance à une destinée prophétique*

On les décrivait ainsi. :

> *« Tous deux étaient justes devant Dieu, observant d'une manière irréprochable tous les commandements et toutes les ordonnances du Seigneur » (Luc 1 : 6).*

Pourtant, ils ont souffert de l'absence d'enfants jusqu'à un âge avancé, une situation souvent interprétée à tort comme une désapprobation divine, une malédiction. Malgré cela, ils ont persévéré dans la foi et l'obéissance, sans jamais abandonner leur service à Dieu.

Au moment prévu, Dieu leur a répondu :

> *« Ne crains point, Zacharie... ta prière a été exaucée » (Luc*

*1 : 13).*

Élisabeth a conçu et donné naissance à Jean-Baptiste, le prophète qui allait *« Car tu marcheras devant la face du Seigneur, pour préparer ses voies, » (Luc 1 : 76).*
Leurs années de fidélité ont abouti à la naissance d'un enfant chargé d'une mission prophétique, qui a eu un impact sur tout Israël et a préparé le monde à l'arrivée du Christ.

La prophétie concernant votre famille et vous a-t-elle été retardée ? Vous sentez-vous tenté d'abandonner ? La persévérance de ce couple nous enseigne que l'attente dans la foi nous positionne pour avoir un impact générationnel. Dieu prépare quelque chose de grand à travers vous. Ses promesses dans votre vie ne sont pas limitées par l'âge ou le retard ; elles s'accompliront en son temps parfait. Persévérez !

**Des familles détruites par l'impatience et des projets précipités**
Plusieurs familles dans la Bible ont été déchirées par l'impatience et des projets précipités. Au lieu de faire confiance au temps et au plan de Dieu, elles ont pris les choses en main, avec des conséquences douloureuses. Lorsque vous prenez les choses en main au lieu de vous soumettre au plan de Dieu, vous risquez de livrer votre destin aux tourments de l'ennemi.

**1. La famille d'Isaac –** *Quand l'impatience divise une famille*
La famille d'Isaac et de Rébecca est une leçon qui donne à réfléchir sur la façon dont l'impatience et la manipulation peuvent fracturer un foyer. L'impatience a failli ruiner leur famille. La Bible dit :
*« Rébecca prit les vêtements d'Ésaü... et elle les fit mettre à Jacob son fils cadet » (Genèse 27 : 15 LS).*
Dieu avait déjà dit à Rébecca que le fils aîné, Ésaü, servirait le plus jeune, Jacob (Genèse 25 : 23). Mais au lieu d'attendre que la parole de Dieu s'accomplisse, Rebecca a conçu un plan trompeur pour obtenir la bénédiction. Jacob, influencé par sa mère, a trompé son père vieillissant. Ésaü, se sentant privé de la bénédiction et amer, a juré de tuer son frère (Genèse 27 : 41). Le résultat a été une famille déchirée par des intrigues fondées sur l'impatience et le favoritisme.

Bien que Jacob fasse partie du plan de Dieu, la méthode utilisée pour accomplir sa destinée a laissé des cicatrices de trahison, de division et de décennies de séparation. Les desseins de Dieu n'ont pas besoin d'être manipulés par les humains. Vous ne devez pas essayer d'aider Dieu par des manœuvres impies, comme le font les non-croyants. Dieu vous a-t-il promis que vous voyagerez à l'étranger ? Vous n'avez pas besoin d'inventer des mensonges pour que cela se réalise. Vous n'avez pas besoin d'élaborer des plans tortueux comme un non-croyant pour prospérer financièrement.

Mon ami, en tant que famille, si vous prenez des raccourcis, vous prolongerez vos souffrances. Mais si vous persévérez, Dieu vous bénira certainement de bénédictions durables. Ses promesses s'accomplissent mieux à sa manière, en son temps.

## 2. La famille d'Ananias – *Quand la cupidité détruit un foyer*

Ananias et Saphira faisaient partie de l'atmosphère de renouveau de l'Église primitive. Mais au lieu de marcher dans la transparence, ils ont choisi la tromperie. Dans leur empressement à obtenir la reconnaissance comme les autres qui avaient fait des sacrifices, ils ont vendu une propriété et ont conspiré pour mentir sur le montant. Pierre leur a demandé :

*« Comment avez-vous pu vous concerter pour provoquer ainsi l'Esprit du Seigneur ?» (Actes 5 : 9 Semeur).*

Leur plan précipité ne concernait pas seulement l'argent ; il s'agissait d'une apparence de dévotion sans véritable obéissance. C'est de l'hypocrisie. Tous deux ont été frappés de mort pour avoir menti au Saint-Esprit (Actes 5 : 3-10).

Le jugement d'Ananias et de Saphira est un avertissement qui nous incite à la réflexion aujourd'hui : la cupidité et l'hypocrisie peuvent détruire non seulement un individu, mais toute sa famille. Concevoir des stratagèmes pour paraître béni, prospère ou sacrificiel, manifestant ainsi un manque d'intégrité, peut entraîner la mort.

Dieu désire la vérité dans notre for intérieur (Psaume 51 : 6). Êtes-vous poussé à prendre un raccourci pour obtenir une percée ? Ne succombez pas ; cela pourrait compromettre votre avenir. Il vaut mieux attendre, obéir et marcher dans la lumière que de se précipiter dans des stratagèmes qui invitent au jugement. Proverbes 15 : 16 conseille :

*« Mieux vaut être pauvre et craindre le Seigneur que d'être*

*riche et dans le malheur.* »

Quelqu'un a dit : « La route vers la ruine est pavée de raccourcis spirituels. »

### Comment cultiver un état d'esprit de persévérance

Créer une culture familiale de persévérance ne consiste pas seulement à traverser des périodes difficiles ; il s'agit d'ancrer profondément votre famille dans la foi, la vision et les habitudes disciplinées qui mènent à des bénédictions durables.

Vous savez que la nature humaine, en particulier dans la génération actuelle, aspire à des résultats rapides, souvent sans se soucier des moyens pour y parvenir. Mais si vous êtes déterminé à marcher étroitement avec Dieu et à connaître des bénédictions durables, vous devez apprendre l'art de la persévérance. Explorons quatre principes fondamentaux qui vous aideront à cultiver un état d'esprit de persévérance au sein de votre famille.

### 1. Fixez votre esprit sur les promesses de Dieu pour votre famille

Le point de départ de la persévérance est la vision. Hébreux 12 : 2 nous dit que Jésus a enduré la croix « pour la joie qui lui était réservée ». De même, votre famille doit être enracinée dans les promesses de Dieu, la joie éternelle, la paix, la provision et l'héritage. Lorsque votre esprit est fixé sur la vérité de Dieu, les obstacles temporaires perdent leur pouvoir. Prenez l'exemple d'Abraham, qui a espéré contre toute espérance parce qu'il avait confiance en l'alliance de Dieu (Romains 4 : 18-21).

Les familles fondées sur les Écritures développent une profonde résilience. En 1988, mon père est revenu d'une retraite avec un tableau sur lequel était imprimé en gros caractères un verset :

*« Voici, moi et les enfants que l'Éternel m'a donnés, nous sommes des signes et des prodiges » (Ésaïe 8 : 18).*

Il s'est tenu devant nous et a déclaré : « Voici le verset de notre famille ». Ce tableau est toujours accroché dans notre maison aujourd'hui. Depuis lors, il a prié cette Écriture pour nous des milliers de fois. À ce jour, si vous interrogez l'un de ses enfants ou petits-enfants sur notre verset familial, ils vous répondront immédiatement : « Ésaïe 8:18 ».

Entendre ce verset à maintes reprises a façonné notre identité, clarifié notre vision et alimenté notre engagement à suivre le plan de Dieu. Vous pouvez faire de même. Affichez les promesses de Dieu de manière visible, priez-les à haute voix et intégrez-les dans vos conversations quotidiennes. William Damon, un expert de premier plan dans le domaine du développement des adolescents, a découvert que les enfants qui ont un sens aigu du but sont plus persévérants et plus résilients sur le plan émotionnel. Lorsque vous exprimez le but de votre famille, en l'ancrant dans la Parole de Dieu, vous posez les bases d'une persévérance durable, qui vous établit dans les bénédictions de Dieu.

## 2. Tenez-vous-en au plan

Dieu fait tout selon un plan précis, et il en a un pour la bénédiction de votre famille. Même lorsque les choses deviennent difficiles, ne vous écartez pas du chemin que Dieu a tracé pour votre famille. Jésus a toujours suivi la volonté de son Père, même lorsque cela impliquait de souffrir (Luc 22 : 42). Beaucoup de gens commencent bien, mais abandonnent lorsque les choses deviennent inconfortables. Mais la persévérance exige un engagement constant envers ce que Dieu a déjà dit.

Jérémie 29 : 11 dit :

*« Car je connais les projets que j'ai formés pour vous... des projets de paix et non de malheur. »*

Une planification stratégique est la clé du succès. Il y a des années, je voyais les autres progresser alors que je n'avais rien. J'ai prié, et Dieu m'a montré que j'avais besoin d'un plan. Avec un petit salaire, il m'a conduit à acheter des terrains abordables pour les revendre plus tard et réunir les fonds nécessaires à la construction de notre maison familiale. Cette stratégie a fonctionné, et aujourd'hui, nous avons une maison. Il nous a fallu environ 13 ans pour y parvenir. Dieu nous a donné quelque chose de bien meilleur que ce que mon collègue avait obtenu il y a longtemps.

J'ai appris que chaque objectif important, en particulier dans la vie familiale, nécessite une planification dans la prière. Asseyez-vous avec Dieu, notez sa stratégie et respectez-la. Votre famille s'épanouira grâce à cela.

## 3. Instaurer une culture de la prière

La prière n'est pas seulement une routine spirituelle, c'est le cœur battant d'une famille persévérante. Elle était au centre de la vie et du ministère de

Jésus (Luc 5 : 16). Grâce à sa prière fervente à Gethsémané (Matthieu 26 : 36-46 ; Luc 22 : 39-46), il a développé la force nécessaire pour endurer la croix.

Lorsque la prière devient une habitude constante dans votre foyer, elle favorise la stabilité émotionnelle, la sensibilité spirituelle et une confiance profonde en Dieu. Des études montrent que les familles qui prient ensemble régulièrement connaissent une plus grande paix, une plus grande unité et un plus grand soutien émotionnel.

Intégrez la prière dans le rythme quotidien de votre famille : avant les repas, lors des prises de décision et dans les moments difficiles. Laissez vos enfants vous voir prier dans les moments difficiles et louer Dieu dans les moments de victoire. Je n'oublierai jamais la série de jeûnes que mon père a organisée pour prier afin de trouver un nouvel emploi lorsqu'il était au chômage. Nous étions jeunes, mais son engagement à rechercher Dieu nous a fortement marqués. Il a finalement réussi à sortir de cette situation difficile. J'ai appris de lui à rechercher Dieu lorsque je suis confronté à des défis.

En 1995, nous avons érigé un autel de prière prophétique dans notre famille. Nous nous réunissions pour prier pour la guérison, le guide et la percée. Dieu a accompli tant de choses à travers cet autel. Aujourd'hui, avec les réseaux sociaux et les appels vidéo, il est encore plus facile de créer un autel familial virtuel où vous pouvez prier et vous soutenir les uns les autres. Une famille qui prie ensemble construit des liens inébranlables, reste plus forte dans l'adversité et marche ensemble vers la victoire.

### 4. Apprenez des autres croyants

Nous ne sommes pas censés parcourir ce chemin seuls. L'Épître aux Hébreux, chapitre 12 verset 1 nous exhorte à garder à l'esprit que nous sommes encerclés par une immense foule de témoins, ces personnes qui nous ont précédés en matière de foi. Apprendre des témoignages des autres cultive notre espérance et renforce notre persévérance.

Partagez les biographies de héros de la foi avec les membres de votre famille. J'ai partagé les histoires de certaines familles qui ont bénéficié des bénédictions de Dieu grâce à leur persévérance et de celles qui se sont effondrées à cause de projets visant à s'enrichir rapidement.

Vous pouvez faire des recherches et en lire davantage à leur sujet. Les connaissances acquises renforceront votre foi et vous aideront à rester ferme.

Des études montrent que raconter des histoires augmente l'empathie et la résilience chez les enfants. Invitez des mentors spirituels dans la vie de votre famille, écoutez des podcasts qui renforcent la foi et allez régulièrement à l'église. Nous lisons des livres ensemble en famille, et les histoires d'autres familles nous ont beaucoup aidés. Comme l'a dit Jim Rohn, « vous êtes la moyenne des cinq personnes avec lesquelles vous passez le plus de temps ». Entourez votre famille d'exemples de foi et observez la persévérance grandir.

**Restez sur la bonne voie**
La persévérance est le pont entre la vision et la réalisation, le processus et la promesse. C'est la force divine qui renforce les familles pour qu'elles endurent les épreuves, attendent avec foi et marchent avec Dieu à travers les épreuves vers le triomphe et les bénédictions. Si les raccourcis peuvent offrir des solutions temporaires, seule la persévérance mène à des bénédictions durables.

Tout comme Noé, Job et Élisabeth ont persévéré et ont vu la fidélité de Dieu, votre famille aussi peut surmonter les retards et les déceptions grâce à la foi, la patience et l'obéissance. Ne faites jamais de compromis. L'intégrité pour des résultats rapides. Restez sur la bonne voie, accrochez-vous à la Parole de Dieu, et vous verrez les fruits en temps voulu. La persévérance ne façonne pas seulement le destin, elle le garantit pour des bénédictions générationnelles.

## SUJETS DE PRIÈRE
### *Actions de grâce :*
1. *Père, merci pour le don de la persévérance qui soutient les familles dans les épreuves, au nom de Jésus.*
2. *Merci, Seigneur, pour chaque témoignage d'endurance qui a préservé les bénédictions dans notre famille, au nom de Jésus.*
3. *Père, nous te remercions pour les promesses de l'Écriture qui nous donnent l'espoir de persévérer, au nom de Jésus.*
4. *Merci pour les exemples de familles bibliques qui ont hérité de bénédictions grâce à leur foi et leur patience, au nom de Jésus.*

### Repentance et renouveau :

5. Seigneur, pardonne-nous notre impatience et notre recherche de raccourcis au lieu de t'attendre, au nom de Jésus.
6. Père, pardonne-nous nos murmures et nos doutes pendant les périodes d'attente, au nom de Jésus.
7. Seigneur, purifie notre famille de toute décision prise par compromis et par impatience charnelle, au nom de Jésus.
8. Père, renouvelle en nous la force de supporter fidèlement les épreuves jusqu'à ce que tes promesses s'accomplissent, au nom de Jésus.

### La force de persévérer :

9. Père, donne à ma famille une force surnaturelle pour supporter les épreuves, au nom de Jésus.
10. Seigneur, aide-nous à attendre patiemment ton timing en toutes choses, au nom de Jésus.
11. Puissions-nous persévérer dans l'obéissance même lorsque nous sommes moqués ou incompris, au nom de Jésus.
12. Seigneur, apprends-nous à interpréter les revers comme des tremplins vers les bénédictions, au nom de Jésus.
13. Père, donne-nous une foi qui refuse d'abandonner, au nom de Jésus.
14. Seigneur, soutiens-nous avec une huile fraîche lorsque nos forces nous abandonnent, au nom de Jésus.

### La foi dans les promesses de Dieu :

15. Père, ancre notre famille dans les promesses de Ta Parole, au nom de Jésus.
16. Seigneur, que la vision de tes promesses nous garde fermes dans les épreuves, au nom de Jésus.
17. Père, aide-nous à tenir bon comme Abraham jusqu'à ce que chaque promesse soit accomplie, au nom de Jésus.
18. Seigneur, puissions-nous ne jamais nous contenter d'Ismaël alors que tu nous as promis Isaac, au nom de Jésus.
19. Père, donne-nous la patience de recevoir chaque bénédiction en son temps, au nom de Jésus.

### La victoire sur l'impatience et les complots :

20. Seigneur, délivre-nous de l'esprit d'impatience et de compromis, au nom de Jésus.
21. Père, brise le cycle des décisions charnelles qui causent des souffrances générationnelles, au nom de Jésus.

22. *Seigneur, ne nous laisse jamais troquer l'intégrité contre des solutions rapides, au nom de Jésus.*
23. *Père, dévoile tous les pièges de l'ennemi destinés à nous attirer vers des raccourcis, au nom de Jésus.*
24. *Seigneur, délivre nos enfants du désir de gratification instantanée, au nom de Jésus.*

**L'endurance à travers les épreuves :**
25. *Seigneur, aide-nous à rester fermes dans la foi comme Job face à la perte, au nom de Jésus.*
26. *Père, donne-nous l'endurance de Noé pour t'obéir même si cela prend des années, au nom de Jésus.*
27. *Seigneur, aide-nous à persévérer dans la prière, comme Zacharie et Élisabeth jusqu'à ce que ta promesse se réalise, au nom de Jésus.*
28. *Père, que notre persévérance affine notre caractère et renforce notre foi, au nom de Jésus.*
29. *Seigneur, que chaque épreuve que nous traversons devienne un témoignage d'endurance pour les générations futures, au nom de Jésus.*
30. *Père, couronne notre persévérance de bénédictions durables, au nom de Jésus.*

**Détruire les parasites spirituels :**
31. *Père, que ton sang désinfecte ma vie de tout parasite démoniaque, au nom de Jésus.*
32. *Feu de Dieu, tombe et consume tous les parasites qui tourmentent mon âme, au nom de Jésus.*
33. *Que tous les parasites de la luxure et de l'immoralité soient réduits en cendres, au nom de Jésus.*
34. *Puissant doigt de Dieu, entre dans mon corps et chasse les parasites sataniques invisibles, au nom de Jésus.*
35. *Je purge tout dépôt démoniaque de mon système par l'eau vive du Christ, au nom de Jésus.*
36. *Que tous les parasites qui sapent ma force et ma paix soient déracinés maintenant, au nom de Jésus.*
37. *Que tous les parasites qui attaquent mon utérus et ma fertilité soient détruits, au nom de Jésus.*
38. *Vêtements des parasites spirituels sur mon corps, prenez feu et brûlez, au nom de Jésus.*

39. Toi, parasite, qui places des toiles d'araignée sur mon visage, prends feu, au nom de Jésus.
40. Que tous les parasites qui poussent les gens à me rejeter ou à me craindre soient éliminés, au nom de Jésus.
41. Parasites qui projetez de fausses images de moi aux autres, mourez maintenant, au nom de Jésus.
42. Ange de la purification, mets fin à toute œuvre parasitaire dans ma vie, au nom de Jésus.
43. Que tout parasite humain chargé de me détruire soit démasqué et expulsé, au nom de Jésus.
44. Père, vaccine-moi et ma famille contre les parasites spirituels cette année, au nom de Jésus.

### Restauration et fécondité :

45. Père, restaure tout ce qui a été perdu à cause de l'impatience dans notre famille, au nom de Jésus.
46. Seigneur, rends chaque saison stérile dans notre famille fructueuse en ton temps, au nom de Jésus.
47. Père, transforme chaque retard en un témoignage de ta fidélité, au nom de Jésus.
48. Seigneur, que la persévérance dans notre famille ouvre les portes à la croissance générationnelle, au nom de Jésus.
49. Père, établis notre famille comme un témoignage d'attente fidèle en toi, au nom de Jésus.
50. Nous prophétisons que chaque promesse de Dieu à notre famille se manifestera en temps voulu, au nom de Jésus.

Chapitre 8
Jours 22-24

# L'Amour sacrificiel

*« … il pardonne tout, il croit tout, il espère tout, il supporte tout. L'amour ne meurt jamais »* (1 Corinthiens 13 : 7-8 SG21).

L'amour bâtit la famille. L'élément capital pour élever une famille bénie est la passion pour Dieu et la compassion les uns pour les autres. Votre famille ne peut pas s'épanouir lorsqu'il y a des tensions, des divisions, des accusations et des conflits constants. Vous ne pouvez pas construire une famille forte pendant que ses membres sont en guerre, se déchirant les uns les autres.

Aujourd'hui, de nombreuses familles sont coincées et frustrées à cause des litiges non résolus. Pendant qu'ils se battent entre eux, ils blâment souvent le diable pour leur détresse. La vérité est que, peu importe ce que vous faites, sans amour, vous ne construirez jamais la famille dont vous rêvez.

Savez-vous que, si vous ne vivez pas dans l'amour, vous ne vivez pas en Dieu ? La vie sans un véritable amour est vide et perdue.

Je connais de nombreuses familles qui souffrent profondément en raison d'une carence en amour. Permettez-moi de souligner cette vérité : quiconque porte la colère, l'amertume, le regret ou s'apitoie sur soi ne marche pas dans l'amour. Une telle personne endure la vie plutôt que de l'apprécier. Pire encore, Satan travaille librement dans un tel environnement pour détruire les destinées. Serait-il possible que votre mariage et votre famille soient là où ils sont maintenant à cause de l'absence de l'amour de Dieu ?

L'amour est la clé. Votre passion pour Dieu garantit votre destin avec lui ; votre compassion pour les autres assure votre promotion parmi les hommes. Pendant que l'envie, la jalousie et la compétition malsaine cherchent à détruire votre famille, l'amour de Dieu va la promouvoir et la préserver. Cher ami, la clé dont vous avez besoin pour amener votre famille à de grandes hauteurs est un cœur pour Dieu. Votre famille deviendra imparable si vous l'enracinez véritablement dans l'amour divin. En vérité, toutes choses concourent toujours ensemble pour ceux qui aiment Dieu.

> « *Nous savons, du reste, que toutes choses concourent au bien de ceux qui aiment Dieu, de ceux qui sont appelés selon son dessein* » *(Romains 8 : 28).*

Et aussi,

> « *…Ce que l'œil n'a pas vu, ce que l'oreille n'a pas entendu, ce qui n'est pas monté au cœur de l'homme, Dieu l'a préparé pour ceux qui l'aiment* » *(1 Corinthiens 2 : 9 SG21).*

Dieu a réservé de grandes et inimaginables bénédictions pour votre famille. C'est pourquoi, peu importe à quoi votre famille est confrontée en ce moment, la guérison et la restauration viendront si vous choisissez de marcher dans l'amour de Dieu. Dans le chapitre suivant, je vais vous montrer comment créer une atmosphère d'amour dans votre famille, ce qui attirera les bénédictions durables de Dieu.

## L'histoire de Nicky Cruz : comment l'amour a brisé les chaînes

L'une des histoires qui m'ont profondément marquée à l'adolescence était celle de Nicky Cruz. Le criminel qui est devenu évangéliste. Son histoire constitue un exemple fort de la manière dont le mal au sein d'une famille peut paralyser les destinées. Elle illustre également la façon dont l'amour de Dieu peut transformer une existence brisée. Nicky est née le 6 décembre 1938 à Porto Rico, dans une maison en proie aux ténèbres. Ses parents ont pratiqué la sorcellerie et ont rempli leur maison de rituels occultes. Sa mère le maudissait constamment, l'appelant : « Fils de Satan

». L'abus, la négligence et la violence ont créé des blessures profondes dans son cœur. Loin de la sécurité de l'amour, il a grandi endurci, en colère et convaincu qu'il n'était pas désiré.

À l'âge de 15 ans, ses parents l'ont envoyé vivre avec son frère aîné à New York, mais il s'est enfui dans la rue peu de temps après. Là, il a sombré dans le crime, la drogue et la culture des gangs. Il est devenu le chef du célèbre gang « Mau Mau » ; il était craint à cause de sa violence et de sa cruauté. Le diable avait trouvé en sa personne un instrument disposé, et au travers de qui de nombreuses jeunes vies ont été traînées à la destruction.

Mais Dieu avait un plan. Il a envoyé dans les rues de New York un jeune prédicateur nommé David Wilkerson. Wilkerson n'a pas été intimidé par les menaces de Nicky ou par son apparence endurcie. Au lieu de cela, il a parlé de Jésus à Nicky et, plus important encore, il lui a montré le véritable amour. Lorsque Nicky a menacé de le tuer, David a répondu calmement : « Tu pourrais me couper en mille morceaux, et chaque morceau t'aimerait toujours. » Ces mots ont percé le cœur de Nicky. Pour la première fois, il a vu un amour qui était intrépide, inconditionnel et réel – cet amour qu'il n'avait jamais connu dans sa famille. Cette rencontre a interrompu des années de haine. Peu de temps après, Nicky a donné sa vie à Jésus-Christ.

Aujourd'hui, Nicky Cruz est un évangéliste, prêchant le même amour qui l'a sauvé à des milliers de personnes dans le monde. Sa vie prouve que si le mal dans une famille peut ruiner les destinées, une famille ou même une seule personne remplie de l'amour de Dieu peut faire une énorme différence, élevant des agents de la renaissance et de la transformation.

De nos jours, à cause de l'influence de Satan, de nombreuses familles sont devenues des lieux tragiques où de grandes destinées sont perdues. Comme Nicky Cruz, de nombreux enfants grandissent émotionnellement et psychologiquement dévastés, car ceux qui devraient les aimer les détestent, abusent d'eux et les maudissent. Comment va votre maison ? Comment va votre famille ? Il y a un besoin urgent de l'amour de Dieu pour remplir nos maisons. C'est le seul environnement où les cœurs brisés sont guéris, où les destinées sont restaurées et la prochaine génération est équipée pour prospérer dans le but de Dieu.

### Qu'est-ce que l'Amour ?

Nous venons de voir comment l'amour est devenu la puissance

transformatrice qui a reconstruit la vie brisée de Nicky Cruz et du pasteur Nick Vujicic. Mais qu'est-ce que « l'amour » au juste, surtout lorsqu'il est associé à la vie de votre famille ?

Beaucoup de gens définissent l'amour en termes purement simples - comme un sentiment chaleureux, une attraction émotionnelle ou le plaisir de la compagnie de quelqu'un. Certains limitent l'amour à donner et à recevoir. Bien que ces formes d'amour aient leur place, elles ne peuvent pas produire le genre de famille que Dieu désire pour vous. L'amour naturel est souvent sous condition, influencé par les humeurs, les intérêts personnels ou les circonstances changeantes.

1 Corinthiens 13 : 7-8 dit dans Louis Segond 21,

« *...il pardonne tout, il croit tout, il espère tout, il supporte tout. L'amour ne meurt jamais.* »

L'amour qui bâtit vraiment une famille forte et bénie est ce que le Nouveau Testament appelle « *Agape* », le type d'amour de Dieu. Cet amour est bien plus grand que tout ce que l'effort humain peut définir. C'est inconditionnel, ce qui signifie qu'il n'est pas basé sur le comportement de l'autre personne. Il est altruiste, cherchant le bien des autres au-dessus du confort ou des intérêts personnels. Il est décrit comme un amour divin parce qu'il découle de la nature de Dieu en nous (1 Jean 4 : 8).

Contrairement à « *Philia* », qui est l'amour-amitié, ou « *Eros* », qui est l'amour romantique, l'amour *Agape* n'est pas motivé par des émotions éphémères. Il est ancré dans la Bible. Il s'agit d'une décision délibérée et cohérente d'aimer indépendamment du mérite, des défauts ou des circonstances. Il continue de donner quand il n'obtient rien en retour. Il pardonne quand il a toutes les raisons de haïr. Il se sacrifie quand il serait plus facile de s'éloigner.

David Wilkerson a inlassablement démontré l'*Agape*, l'amour inconditionnel de Dieu, à Nicky Cruz, un chef de gang redouté et violent. À maintes reprises, il l'a contacté, même au risque de sa propre vie, sans se laisser décourager par des menaces ou un rejet. Cet amour inébranlable a percé le cœur endurci de Nicky jusqu'au jour où il a finalement donné sa vie à Jésus-Christ. C'est l'amour qui guérit les blessures, restaure la confiance et crée une atmosphère où les bénédictions de Dieu peuvent agir sur votre famille. Sans l'*Agape*, votre famille s'effondrera sous la pression et sera détruite par le diable. Mais avec lui, vous pouvez triompher de toute tempête et vous épanouir.

Dans 1 Corinthiens 13 : 8, Paul dit : *« L'amour ne meurt jamais. » (LSG21)* Permettez-moi de vous demander : « Si l'amour de Dieu ne meurt jamais, pouvez-vous marcher dans l'amour divin et finir comme un échec dans la vie ? » Jamais !

**L'histoire de Nick Vujicic -** *Le pouvoir de transformation de l'amour*
L'amour a le pouvoir de transformer les situations les plus difficiles en opportunités positives. Personne ne démontre mieux cette vérité que le pasteur Nick Vujicic. Né le 4 décembre 1982 à Melbourne, en Australie, Nick est venu au monde sans bras et sans jambes en raison d'une condition rare appelée le syndrome de Tetra-Amelia. Dès le début, il a fait face à des défis qui auraient pu définir sa vie comme une vie de limitation et de désespoir.

Les parents de Nick, Bob et Lenka Vujicic, ont fait face à la réalité de son état avec courage, mais les difficultés à élever un enfant ayant de graves handicaps ont créé une distance émotionnelle. Nick se sentait souvent mal aimé et rejeté, même au sein de sa propre famille. Cette douleur l'a plongé dans un profond désespoir. En tant que garçon, il se sentait impuissant. À l'âge de 10 ans, Nick a tenté de se noyer dans une baignoire à cause des sentiments de dépression, de haine, d'être inutile et d'intimidation auxquels il a dû faire face. Cependant, il a arrêté sa tentative de suicide quand il a réalisé que sa famille serait plus peinée par sa mort que par sa vie. Cette expérience l'a amené à réévaluer sa vie et finalement à trouver la foi et le but en Jésus-Christ.

Ses parents ont commencé à l'aimer et à investir beaucoup pour l'aider à atteindre son objectif. Malgré le début sombre, l'amour a commencé à changer la vie de Nick. Peu à peu, il a appris à s'aimer et à s'accepter, découvrant sa valeur au-delà des limites physiques. Sa foi en Dieu s'est approfondie et il a réalisé que sa vie avait un but. L'amour de ses parents, l'amour-propre et la foi ont déclenché la guérison et lui ont donné de la force.

Aujourd'hui, Nick Vujicic est un chrétien évangéliste, un puissant orateur de motivation, un homme d'affaires et le fondateur de *'Life Without Limbs'*, un ministère qui inspire des millions dans le monde. Grâce à son ministère, à ses livres et conférences, Nick encourage les gens à surmonter l'adversité et à vivre avec espoir et but. Son message est clair : aucun obstacle n'est trop grand lorsque nous vivons avec la foi et l'amour.

Nick a épousé Kanae Miyahara, qu'il a rencontré lors d'une série de conférences au Japon, le 12 février 2012, et ils ont deux garçons et des jumelles. Sa vie reflète le pouvoir de transformation de l'amour pour nous. Sa vie de famille témoigne de la guérison et de la joie que l'amour de Dieu apporte, prouvant que même ceux qui commencent par les plus grands défis peuvent construire un avenir rempli de bonheur et d'épanouissement.

Nick a également réussi financièrement, avec une valeur nette estimée en millions de dollars, grâce à ses allocutions, livres et entreprises. Pourtant, il souligne que la vraie richesse réside dans les vies qu'il touche et l'espoir qu'il répand.

L'histoire de Nick nous apprend une leçon importante pour nos familles et nos communautés. De nombreuses personnes qui sont faibles, brisées ou différentes sont souvent rejetées ou négligées. Le diable cherche à les détruire par l'isolement et la négligence. Mais Dieu a placé ces individus vulnérables dans nos vies pour qu'ils soient aimés, nourris et bâtis. Notre amour transformera ces faiblesses en force. Il guérira leur cœur brisé et restaurera leurs esprits brisés. Cher ami, personne dans votre famille n'est inutile. Vous devez vous engager à aimer ceux qui bataillent le plus, les aider à se lever et à accomplir le but de Dieu pour leur vie.

## La famille de Jacob – frappée par des vices destructeurs

La famille de Jacob (qui, plus tard, sera nommé Israël) a porté l'une des bénédictions les plus puissantes de l'histoire. Dieu avait promis à Abraham, Isaac et Jacob que leurs descendants deviendraient une grande nation, et qu'à travers eux, toutes les nations seraient bénies (Genèse 28 : 13-15). Pourtant, à l'intérieur de la maison de Jacob, l'atmosphère même qui aurait dû être remplie d'amour, de foi, d'unité et de joie a été empoisonnée par le favoritisme, la jalousie, le ressentiment, la compétition et la haine.

Jacob a ouvertement favorisé Joseph, le fils de sa vieillesse. Il lui a donné une tunique spéciale, une marque de distinction (Genèse 37 : 3). Cette fondation fut posée par Isaac et Rebecca, qui avaient chacun une préférence spéciale pour l'un des jumeaux : Ésaü et Jacob (Genèse 25).

La tunique que Jacob a donnée à Joseph, au lieu d'inspirer l'unité, est devenue un symbole visible de partialité. La Bible dit :

*« Ses frères virent que leur père l'aimait plus qu'eux tous, et ils le prirent en haine. Ils ne pouvaient lui parler avec amitié » (Genèse 37 : 4).*

Combien de parents, comme Jacob aujourd'hui, sèment des graines de discorde parmi leurs enfants à cause de la partialité ?

Les rêves prophétiques de Joseph qui prédisaient son leadership futur attisèrent l'envie plutôt que la célébration de ses frères (Genèse 37 : 5-8). Au lieu de garder leur cœur (Proverbes 4 : 23) et de chercher le dessein de Dieu ensemble, les frères ont permis à la concurrence de produire l'amertume. Leur ressentiment s'est rapidement transformé en méchanceté. Voyant Joseph qui venait de loin, ils ont comploté: « Venez, tuons-le » (Genèse 37 : 20). Bien que Ruben soit intervenu pour épargner sa vie, ils l'ont quand même vendu aux commerçants d'esclaves pour vingt sicles d'argent (Genèse 37 : 28). Puis ils ont menti à leur père, le laissant croire que Joseph était mort (Genèse 37 : 31-35).

Les conséquences ont été dévastatrices:

- ***Des décennies de chagrin :*** Jacob a pleuré amèrement pendant des années et a refusé le confort (Genèse 37: 34-35).

- ***La culpabilité et la peur :*** les frères portaient un fardeau de culpabilité, ils admettront plus tard,

   *« oui nous avons été coupables envers notre frère » (Genèse 42 : 21).*

- ***La bénédiction retardée :*** le plan de Dieu pour sauver la famille à travers Joseph est toujours arrivé, mais seulement après des années de séparation et de souffrance.

Cette histoire a des leçons cruciales à nous apprendre. Malheureusement, la haine, la rivalité et le pardon détruisent encore les familles aujourd'hui. Le favoritisme entre les enfants, la concurrence pour la richesse ou le ressentiment en raison des blessures passées ont bloqué les portes de bénédictions de Dieu dans certaines familles. Certains se tuent, pendant que d'autres se font amocher par les querelles, et ils souffrent dans la pauvreté à cause du manque d'unité.

La Bible prévient,

*« Quiconque hait son frère est un meurtrier » (1 Jean 3 : 15).*

Comment est votre famille maintenant ? Êtes-vous en concurrence les uns avec les autres et vous déchirez-vous comme les enfants de Jacob ? Si oui, que faites-vous en tant que chrétien pour remédier à la situation?

## L'histoire de Joseph – La restauration familiale par le pouvoir de l'amour

L'amour est le pouvoir ultime de Dieu pour restaurer des vies et des familles brisées. Il n'y a aucun moyen de reconstruire une famille brisée sans utiliser l'amour *agape*. Votre famille restera en ruine jusqu'à ce que l'un de vous se lève, comme Joseph, pour activer l'amour divin pour la restauration.

L'histoire de la vie de Joseph illustre puissamment comment l'amour peut sauver et transformer une famille déchirée par l'envie, la jalousie, la haine et la rivalité. Ces difficultés sont courantes dans les familles polygames, en particulier en Afrique aujourd'hui. Nous recevons régulièrement des conseillers dans nos bureaux qui combattent ces problèmes.

En tant que fils préféré de Jacob, né dans une grande famille avec plusieurs femmes, la position de Joseph a suscité un profond ressentiment parmi ses frères. Leur jalousie est devenue si féroce qu'ils ont comploté pour le tuer, le considérant comme une menace pour leur héritage et leur statut. Pourtant, le plan de Dieu pour Joseph était plus grand que leur haine.

Au lieu de la mort, Joseph a été vendu comme esclave et emmené en Égypte, où il a fait face à des difficultés et à une injustice pendant environ treize ans. Malgré ces épreuves, Joseph est resté fidèle et a refusé de laisser l'amertume, les regrets ou l'apitoiement sur soi le consumer. Romains 12 : 19 nous rappelle:

> *« Ne vous vengez point vous-mêmes, bien-aimés, mais laissez agir la colère ; car il est écrit : À moi la vengeance, à moi la rétribution, dit le Seigneur. »*

C'est précisément ainsi que Joseph a géré la situation, confiant la justice entre les mains de Dieu.

La faveur de Dieu l'a élevé au rang de Premier ministre de l'Égypte (Genèse 41 : 41-43), lui donnant l'autorité de sauver beaucoup de personnes de la famine. Lorsque ses frères sont venus chercher des provisions, Joseph a eu la possibilité de rendre leur trahison. Mais ému par l'amour, il leur a pardonné complètement et a pris soin de leurs besoins. Il a dit dans Genèse 50 : 20,

> « *Vous aviez médité de me faire du mal : Dieu l'a changé en bien, pour accomplir ce qui arrive aujourd'hui, pour sauver la vie à un peuple nombreux.* »

Par amour et grâce au pardon, Joseph a restauré sa famille et les a sauvés de la destruction.

L'histoire touchante de Joseph nous apprend que, si nous le voulions, nous pouvons triompher de l'envie, de la rivalité et de la haine qui tourmentent nos familles à travers la puissance de l'amour de Dieu.

### Une question de votre cœur

Un jour, Dieu m'a parlé d'une manière qui a changé à jamais ma perspective. Il a dit: « *La porte par laquelle je te visite est ton cœur.* » Puis il a ajouté: « *Mon centre d'opérations dans ta vie est ton cœur. Ce qui se passe dans ta vie est déterminé par ce qui se passe dans ton cœur.* » À partir de ce moment, j'ai réalisé que l'état de mon cœur est le facteur décisif pour savoir si je ressens des percées et les bénédictions que Dieu désire pour moi.

La question de votre cœur est cruciale, car elle vous engage à devenir un agent de restauration dans votre famille. L'état de votre cœur influence tous les domaines de votre vie - votre marche spirituelle, votre mariage, vos finances et vos relations. Sans amour, votre cœur est fermé à la fois à Dieu et aux autres.

Les Écritures nous enseignent cette vérité : votre cœur a besoin d'amour pour grandir ou prospérer. Proverbes 11 : 25 dit : « *l'âme bienfaisante sera rassasiée, et celui qui arrose sera lui-même arrosé* », et Matthieu 5 : 7 nous rappelle : « *heureux les miséricordieux, car ils obtiendront miséricorde !* » L'amour est l'eau-de-vie qui produit la croissance dans tous les domaines.

### Examinez votre cœur !

Beaucoup de gens éprouvent des difficultés non pas à cause des forces extérieures, mais à cause du mauvais état de leur cœur. La Bible identifie cinq types de cœurs mauvais qui peuvent entraver l'œuvre de Dieu dans votre vie:

1) **Un cœur endurci** qui résiste à la voix de Dieu et refuse de céder (Exode 4 : 21).

2) **Un cœur rebelle** qui refuse la soumission et l'autorité, et qui conduit à des conflits (Jérémie 5 : 23-24).
3) **Un cœur fier** qui est arrogant, inaccessible et méprise les autres (Psaume 101 : 5).
4) **Un cœur incrédule**, sceptique et qui mène à la rétrograde (Hébreux 3 : 12).
5) **Un cœur méchant** plein de haine, de refus de pardonner et de vengeance (Matthieu 6 : 14-15).

Bien que votre cœur soit à peu près de la taille de votre poing serré, il détient un pouvoir incroyable sur votre vie. Proverbes 4 : 23 ordonne ceci,

*« Garde ton cœur plus que toute autre chose, car de lui viennent les sources de la vie. »*

Vous ne pouvez pas ressentir la plénitude de Dieu sans un cœur attaché au sien. Le Saint-Esprit est prêt à révéler l'amour de Dieu à votre famille à travers votre cœur. Êtes-vous prêt ? Romains 5 : 5 dit : *« … l'amour de Dieu est répandu dans nos cœurs par le Saint-Esprit… »* Chaque croyant a reçu l'amour de Dieu, mais cet amour ne peut pas se répandre quand votre cœur n'est pas pleinement soumis à Dieu. Vous devez être prêt à exprimer l'amour de Dieu comme il veut et non comme vous le voulez.

Si vous avez découvert que votre cœur n'est pas correct, présentez-le à Dieu maintenant. Il vous aidera.

## Laissez Dieu guérir votre cœur

Certaines des blessures les plus profondes de la vie sont infligées au sein de la famille, par la trahison, le favoritisme, le rejet, l'abus, l'abandon ou les conflits constants. Joseph a vécu tout cela. Ses frères ont comploté pour le tuer, l'ont vendu en esclavage et ont caché cet acte pendant des années. Il n'est pourtant pas devenu amer en fin de compte. Il a choisi la guérison. Il a compris que le dessein de Dieu était plus grand que sa douleur.

Lorsque ses frères, apeurés, sont venus en Égypte, s'attendant à une vengeance de sa part, Joseph a prononcé des paroles de grâce et de perspective:

*« Vous aviez médité de me faire du mal : Dieu l'a changé en bien » (Genèse 50 : 20).*

Guérir des blessures familiales ne signifie pas nier la douleur ; cela signifie la soumettre à Dieu. Cela signifie choisir le pardon afin que l'amertume n'empoisonne pas votre avenir. Le Psaume 147: 3 nous rappelle que Dieu guérit le cœur brisé et bande leurs blessures. Ce qui vous a brisé dans votre famille peut être le lieu même où Dieu commence à vous construire. Laissez la guérison couler. Laissez la restauration commencer, au nom de Jésus.

### Comment développer une Culture d'Amour dans Votre Famille

Peu importe à quel point votre famille est brisée, vous pouvez entreprendre la guérison et la restauration en appliquant les principes de Dieu. Permettez-moi de vous montrer des secrets qui peuvent vous aider à restaurer l'amour dans votre famille.

#### 1. Devenez Une Personne D'amour

Le changement commence toujours par une seule personne. Soyez cette personne dans votre famille. Comme Joseph, décidez de devenir une personne d'amour - un donneur d'amour. Engagez-vous si pleinement à aimer et cessez de vous soucier de savoir si les autres vous rembourseront. Suivez l'exemple de Christ. Romains 5 : 8 dit:

> « *Mais Dieu prouve son amour envers nous, en ce que, lorsque nous étions encore des pécheurs, Christ est mort pour nous.* »

Jésus n'a pas attendu que nous changions avant de nous aimer ; il nous a aimés dans notre péché et son amour nous a changés.

Si vous commencez à aimer les membres de votre famille tels qu'ils sont, ils commenceront à changer. Tout comme les animaux sauvages peuvent être apprivoisés par l'amour, les membres de la famille qui sont difficiles peuvent être gagnés par cela.

Comment devenez-vous une personne d'amour ? Cela commence par une prière sincère à Dieu, lui demandant de remplir votre cœur de son amour afin que vous puissiez le montrer aux autres. Il promet de vous remplir de l'Esprit d'amour (Romains 5 : 5). Nous aimons mieux lorsque nous aimons en esprit.

Par exemple, j'ai commencé à prier quotidiennement pour que Dieu remplisse mon cœur d'amour. Après quelques mois, j'ai remarqué un changement. J'ai été capable d'aimer véritablement et plus librement les membres de ma famille. Cela n'a pas changé.

## 2. Sacrifiez-vous l'un pour l'autre

Dans la vie de famille, l'amour sacrificiel signifie mettre les besoins des autres avant les nôtres. Par exemple, la mère travaille tard pour que ses enfants puissent étudier ; le père renonce à ses rêves pour assurer la stabilité de sa famille ; les frères et sœurs choisissent la paix plutôt que d'avoir raison.

Sans sacrifice, l'amour reste juste une émotion ; avec le sacrifice, il devient une force qui change les destinées. Jésus a enseigné dans Jean 12 : 24 que

*« …si le grain de blé qui est tombé en terre ne meurt, il reste seul ; mais, s'il meurt, il porte beaucoup de fruit. »*

Aucun fruit durable ne peut venir dans une famille sans que quelqu'un se soit disposé à « mourir » en soi.

Paul a dit,

*« Car l'amour de Christ nous presse » (2 Corinthiens 5 : 14).*

Le véritable amour vous pousse à faire des choses inimaginables pour votre famille parce que l'amour vous rend courageux, patient et généreux. Lorsque les familles pratiquent l'amour sacrificiel, elles créent une atmosphère où les bénédictions de Dieu peuvent s'écouler librement. Ne considérez rien comme trop grand pour que vous vous rabaissiez pour le bien de votre famille. L'amour qui ne vous coûte rien ne vaut rien ; l'amour qui vous coûte vaut tout.

## 3. Pratiquez des dons

Donner est l'un des indicateurs les plus clairs de l'amour. Dieu aimait, alors il a donné. Il n'a ni donné les restes ni ce qui ne lui a rien coûté ; il a donné le meilleur de lui - il a donné Jésus-Christ. Le mot grec qui désigne l'amour dans Jean 3 : 16, l'« Agape », s'exprime naturellement par générosité.

Dans Actes 20 : 35b Paul nous rappelle les paroles de Jésus :

*« Il y a plus de bonheur à donner qu'à recevoir. »*

Cela ne signifie pas que recevoir est mauvais, mais que donner apporte une joie plus profonde et plus durable, car il reflète la nature de Dieu.

Si vous décidez de donner, vous créerez une atmosphère d'abondance autour de votre famille. Donner n'est pas seulement une question d'argent, mais aussi une question de temps, d'attention, d'encouragement et de pardon. Un père qui donne du temps à ses enfants sème des graines dans leur bien-être émotionnel et spirituel. Une mère qui accorde la grâce à son conjoint dans des moments de faiblesse construit un foyer solide.

L'avarice, en revanche, détruit les relations. Proverbes 11 : 24-25 dit,

> *« Tel, qui donne libéralement, devient plus riche ; et tel, qui épargne à l'excès, ne fait que s'appauvrir. »*

L'amour donne librement, faisant confiance à Dieu pour la provision. Une famille qui obéit à Dieu ne manque jamais de provision.

Préparez-vous à contribuer aux projets familiaux. Soutenez vos frères et sœurs et vos proches jusqu'à ce qu'ils s'établissent. N'oubliez pas ceux qui vous ont aidé quand vous ne possédiez rien.

### 4. Pardonnez-vous les uns les autres

Éphésiens 4 : 32 dit:

> *« soyez bons les uns envers les autres, compatissants, vous pardonnant réciproquement, comme Dieu vous a pardonné en Christ. »*

Le pardon est le baume de guérison de l'amour. Il rétablit les relations, libère les cœurs et ferme la porte à l'amertume. Sans le pardon, votre famille restera dans un cycle de conflit, de ressentiment et de distance émotionnelle.

Dans Matthieu 6 : 14-15, Jésus nous avertit que, si nous ne pardonnons pas les autres, Dieu ne nous pardonnera pas. Il ne s'agit pas de nous punir, mais de nous rappeler que l'amour ne peut pas prospérer dans un cœur qui s'accroche à l'offense.

Le terme grec pour « pardonner » est « aphiemi », ce qui se traduit par « se libérer, lâcher prise ou se débarrasser ». Pardonner à votre frère ou à votre sœur ne signifie pas nier la douleur, mais c'est les libérer de la dette qu'ils ont envers vous.

Dans une famille, pardonner signifie abandonner les arguments d'hier, refuser de répéter les erreurs passées et de choisir de reconstruire la confiance. Ce n'est pas toujours facile, mais cela en vaut toujours la peine.

Lorsque le pardon est accordé, la guérison s'ensuit. Le Psaume 133 dit que l'unité attire la bénédiction de Dieu. Le pardon est le pont vers la restauration et l'unité. Un membre de la famille vous a-t-il blessé ? Pardonnez-lui ! Y a-t-il un membre de la famille à qui vous devez demander pardon ? Demandez pardon aujourd'hui !

## 5. Élevez des pacificateurs

Matthieu 5 : 9 dit,

*« Heureux ceux qui procurent la paix, car ils seront appelés fils de Dieu ! »*

La politique, la race et la vie sociale divisent le monde. Mais Jésus nous invite, nous qui sommes ses disciples, à ne pas être seulement des gardiens de la paix, mais des artisans de la paix. Les gardiens de la paix évitent les conflits ; les pacificateurs, quant à eux, affrontent les conflits avec grâce et vérité, apportant la réconciliation.

Romains 12 : 18 nous dit de vivre en paix avec tout le monde, autant que cela dépende de nous. Ce genre de paix n'est pas une faiblesse ; c'est une force cachée, guidée par la sagesse de Dieu (Jacques 3 : 17).

Une famille qui élève des pacificateurs contribue à soigner non seulement sa propre communauté, mais aussi l'ensemble des nations. En apprenant à régler les conflits de manière biblique, à pardonner rapidement et à privilégier l'unité plutôt que l'orgueil, les enfants intègrent ces valeurs dans toutes leurs relations sociales. La plupart des violences sont causées par des personnes élevées dans des familles dysfonctionnelles.

Les pacificateurs n'évitent pas seulement les problèmes ; ils sèment activement des graines de compréhension, de miséricorde et d'amour. Et Dieu lui-même promet de les appeler ses fils (Matthieu 5 : 9). Les artisans de la paix ne sont pas nés ; ils sont élevés dans la maison de l'amour.

Ne négligez pas les conflits familiaux. Prenez le temps de les résoudre dans l'amour, la vérité et la justice. Allez vers ceux qui sont blessés et ne vous reposez pas avant qu'ils ne retournent dans la bergerie. Soyez un pacificateur !

## 6. Choisissez d'aimer

L'amour est le fondement dont vous avez besoin pour construire une famille forte et bénie. L'absence d'amour entraîne l'amertume, la jalousie et les conflits dans les relations, ce qui empêche les bénédictions divines de se manifester dans votre famille.

Aujourd'hui, de nombreuses familles souffrent à cause de litiges non résolus et blâment les pouvoirs sataniques, mais le vrai problème est un manque d'amour. L'amour de Dieu guérit, restaure et unit. Je veux que vous le recherchiez avec passion. En vous engageant à faire preuve de compassion les uns envers les autres, vos familles s'épanouiront.

Nous avons vu à travers les histoires de Nicky Cruz et Nick Vujicic que l'amour a le pouvoir de transformer des vies brisées et de les établir dans le but de Dieu. Choisissez l'amour véritable, pardonnez librement et construisez une famille enracinée dans l'amour sans fin de Dieu ; vous apprécierez ses bénédictions.

## SUJETS DE PRIÈRE
### *Actions de grâce :*
1. *Père, merci d'avoir déposé ton amour dans nos cœurs par le Saint-Esprit, au nom de Jésus.*
2. *Merci Seigneur pour le don de la famille et le lien d'amour qui nous unit, au nom de Jésus.*
3. *Père, je te remercie pour chaque témoignage de restauration dans les familles par le pouvoir de l'amour, au nom de Jésus.*
4. *Merci de nous avoir montré l'amour inconditionnel par Christ, au nom de Jésus.*

### *La Repentance et le renouvellement :*
5. *Père, pardonne-nous pour toute amertume, toute haine ou tout refus de pardonner qui a divisé notre famille, au nom de Jésus.*
6. *Seigneur, pardonne-nous pour le favoritisme, l'envie et la rivalité qui ont ouvert des portes aux conflits, au nom de Jésus.*
7. *Père, aie pitié de nous pour ne pas avoir marché dans l'amour sacrificiel les uns envers les autres, au nom de Jésus.*
8. *Seigneur, débarrasse nos cœurs de la fierté, de la rébellion et de l'incrédulité qui entravent ton amour, au nom de Jésus.*

### *Le pardon et la guérison :*
9. *Seigneur, guéris chaque blessure de rejet, de trahison et de favoritisme dans notre famille, au nom de Jésus.*
10. *Père, donne-nous des cœurs tendres pour nous pardonner librement, au nom de Jésus.*
11. *Seigneur, retire toute racine d'amertume qui empoisonne nos relations, au nom de Jésus.*
12. *Père, rétablis la paix et l'unité où les conflits et la haine ont régné, au nom de Jésus.*

13. Seigneur, transforme notre douleur en témoignage d'amour et de restauration, au nom de Jésus.
14. Père, que le pardon coule comme une rivière dans notre famille, apportant la guérison et la joie, au nom de Jésus.

**La victoire sur l'esprit de la haine, de l'envie et de la** *jalousie* :
15. Père, délivre ma famille de tous les esprits de haine et de conflits cherchant à nous diviser, au nom de Jésus.
16. Seigneur, déracine l'envie et la jalousie de nos cœurs et remplace-les par le contentement, au nom de Jésus.
17. Père, fais taire toute voix de comparaison qui alimente l'envie et le ressentiment dans notre famille, au nom de Jésus.
18. Seigneur, détruis tout schéma satanique conçu pour semer la haine des frères et sœurs et des proches, au nom de Jésus.
19. Père, pose sur nous l'esprit d'amour qui se réjouit du succès des autres, au nom de Jésus.

**La Victoire sur l'esprit de compétition, de division et de vengeance :**
20. Seigneur, brise l'esprit de concurrence et de rivalité malsaines dans ma famille, au nom de Jésus.
21. Père, détruis toute graine de division et unis-nous pour un but, au nom de Jésus.
22. Seigneur, délivre-nous du désir de vengeance et donne-nous des cœurs de pardon, au nom de Jésus.
23. Père, fais taire tout esprit qui prospère dans les querelles, la vengeance et la méchanceté dans notre famille, au nom de Jésus.
24. Seigneur, sème en nous l'esprit d'humilité, de la coopération et du soutien mutuel, au nom de Jésus.

**Un nouveau cœur et le baptême d'amour :**
25. Père, donne à chaque membre de ma famille un nouveau cœur qui se réjouit de ton amour, au nom de Jésus.
26. Seigneur, baptise-nous avec l'esprit d'amour qui couvre les multitudes de péchés, au nom de Jésus.
27. Père, ôte de nous les cœurs pierreux et remplace-les par des cœurs de chair, au nom de Jésus.
28. Seigneur, que le feu du Saint-Esprit remplisse nos cœurs de compassion, de miséricorde et de gentillesse, au nom de Jésus.

29. *Père, déverse ton amour parfait dans notre famille pour que la peur, la haine et l'amertume n'aient pas de place, au nom de Jésus.*

**L'amour sacrificiel et inconditionnel :**

30. *Père, remplis nos cœurs de l'amour agape qui supporte, croit, espère et endure toutes choses, au nom de Jésus.*
31. *Seigneur, aide-nous à mettre les besoins des autres dans notre famille au-dessus des nôtres, au nom de Jésus.*
32. *Père, que l'amour sacrificiel soit le fondement de toute relation dans notre maison, au nom de Jésus.*
33. *Seigneur, donne-nous la grâce de nous aimer inconditionnellement, indépendamment des défauts et des faiblesses, au nom de Jésus.*
34. *Père, que notre famille soit enracinée et fondée sur l'amour, au nom de Jésus.*
35. *Seigneur, que l'amour nous oblige à pardonner, à nous donner et à nous servir tous les jours, au nom de Jésus.*

**L'amour en tant que témoin :**

36. *Père, que notre amour soit le témoignage de Christ au monde, au nom de Jésus.*
37. *Seigneur, fais de notre famille un canal d'amour et de compassion pour les autres, au nom de Jésus.*
38. *Père, que nos actes de gentillesse et de générosité attirent les âmes dans ton royaume, au nom de Jésus.*
39. *Seigneur, que l'amour dans notre maison inspire la paix et la restauration dans d'autres familles, au nom de Jésus.*
40. *Père, que notre amour déborde pour toucher notre communauté et les générations à venir, au nom de Jésus.*

**La déclaration du jugement divin :**

41. *Que le Seigneur retourne la méchanceté des méchants sur leurs propres têtes, au nom de Jésus.*
42. *Toute mauvaise parole et toute calomnie contre ma vie - soyez détruites par la justice de Dieu, au nom de Jésus.*
43. *Que les justes se lèvent et possèdent leur héritage sans délai, au nom de Jésus.*
44. *Tout système, toute politique ou tout gouvernement organisé pour écraser les justes - sois renversé par l'autorité du ciel, au nom de Jésus.*
45. *Le Seigneur mon Dieu est mon défenseur ; il éliminera toute la méchanceté lancée contre moi, au nom de Jésus.*

## *Les déclarations prophétiques :*

51. *Nous déclarons que notre famille sera construite et soutenue par l'amour, au nom de Jésus.*
52. *Nous décrétons que la haine, l'amertume et l'envie ne prendront pas racine dans notre lignée, au nom de Jésus.*
53. *Notre famille s'épanouira dans l'unité, la compassion et le pardon, au nom de Jésus.*
54. *Nous prophétisons que le fondement de l'amour dans notre famille activera les bénédictions pour des générations, au nom de Jésus.*
55. *Notre famille servira le Seigneur et sera une lumière pour notre communauté et nos nations, au nom de Jésus.*

Chapitre 9
Jours 25-27

# La bénédiction parentale

*« Que l'Éternel te bénisse, et qu'il te garde ! Que l'Éternel fasse luire sa face sur toi, et qu'il t'accorde sa grâce ! Que l'Éternel tourne sa face vers toi, et qu'il te donne la paix »*
*(Nombres 6 : 24-26).*

Les bénédictions que nous déclarons sur nos enfants, ainsi que l'imposition des mains, agissent comme un canal puissant pour transférer la bénédiction de Dieu dans leur vie. Cette bénédiction n'est pas simplement symbolique ; elle porte la faveur divine, l'autorité et le pouvoir surnaturel qui façonnent leur destinée de manière significative et durable. Lorsqu'un parent bénit son enfant avec foi, il active les forces spirituelles qui ouvrent des portes d'opportunité, de protection et de succès.

La Bible enseigne que la vraie prospérité et le vrai succès proviennent de la bénédiction de Dieu. Deutéronome 8 : 18 déclare :

*« Souviens-toi au contraire que c'est l'Éternel ton Dieu qui te donne de la force de parvenir à la prospérité… » (BDS)*

Ce verset nous rappelle que la puissance de créer de la richesse provient d'un don de Dieu. Il souligne ainsi que toute réalisation ou prospérité que nous vivons découle de sa bénédiction. Sans la faveur de Dieu, nos efforts à eux seuls ne peuvent garantir un succès durable. Proverbes 10 : 22 soutient en outre cette vérité :

> *« C'est la bénédiction de l'Éternel qui enrichit, Et il ne la fait suivre d'aucun chagrin. »*

Ce passage met en évidence une caractéristique unique de la bénédiction de Dieu ; elle enrichit sans provoquer ni chagrin ni difficultés. Contrairement à la richesse du monde qui vient souvent avec le stress et la difficulté, la bénédiction de Dieu apporte une abondance accompagnée de paix et de joie.

En tant que parents, c'est notre responsabilité spirituelle et un privilège de transmettre cette bénédiction divine à nos enfants. Grâce à la prière, aux déclarations et à l'imposition des mains, nous invoquons la faveur de Dieu et l'autonomisation surnaturelle sur leur vie. Cette transmission spirituelle leur permet de surmonter les obstacles, de poursuivre un but et de bénéficier de la totale provision de Dieu. Ce faisant, nous posons une base pour leur succès et leur bien-être futurs qui va bien au-delà de la richesse matérielle.

Nous devons cultiver cette habitude constante de bénir nos enfants. Pour mon père, me bénir est devenu une seconde nature. Chaque fois que je l'appelle, il ne termine jamais la conversation sans dire : « Que Dieu te bénisse et te facilite les choses. » Ces prières simples venant de lui me revigorent à la fois spirituellement et émotionnellement. C'est pourquoi j'encourage toujours les parents à régulièrement bénir leurs enfants.

Une fois, j'ai invité les membres de notre église à imposer les mains sur leurs enfants et les bénir tous les jours pendant une semaine. Au cours de la troisième semaine, nous avons reçu de nombreux témoignages : les élèves ont signalé des percées à l'école et certains ont expérimenté la guérison. Même si vos enfants vivent loin, vous pouvez les appeler chaque mois pour les bénir.

N'oubliez pas que vos mots ont un pouvoir incroyable. Votre langue peut délivrer, guérir et restaurer vos enfants. Commencez à l'utiliser de la bonne manière avec une bonne intention, déclarant la vie et la faveur pour leur avenir.

## Un panier de feu sur ma tête

La bénédiction surnaturelle arrive lorsque votre parent biologique vous impose la main et vous bénit. Je suis un exemple vivant de cela. En juin 2007, mon père m'a rendu visite à Bamenda. Pendant son séjour, ma femme et mes enfants avaient voyagé hors de la ville pour deux jours, nous laissant seuls dans la maison. Un soir, je lui ai servi un repas qu'il a vraiment apprécié. Par la suite, je lui ai apporté un cadeau, une tenue traditionnelle nigériane, l'une des plus chères que j'avais achetées à ce moment-là.

Quand il l'a reçue, sa joie débordait. Il m'a demandé de m'agenouiller pour qu'il prie pour moi. Je tiens à souligner que je n'ai pas fait le cadeau à la recherche d'une bénédiction ; je voulais simplement l'honorer. Alors qu'il m'imposa ses mains en priant avec sincérité, j'ai senti une onction puissante descendre sur moi. Bien que je ne me souvienne pas de ses mots exacts, la transmission était profonde et la bénédiction était tangible.

Quand je me suis levé, j'ai senti un poids lourd sur ma tête, comme si je portais un panier de feu. Cette sensation a duré deux semaines ; elle était si réelle et si puissante. À travers cela, j'ai finalement compris ce que Jacob avait expérimenté quand Isaac l'a béni.

Cher ami, il y a une véritable réalisation qui découle de la bénédiction parentale. Ce n'était pas la première fois que mon père m'imposait les mains, mais cette fois c'était plus intense. Depuis ce jour, ma vie n'a plus jamais été la même. Lorsque vos parents vous bénissent, une bénédiction divine vient sur vous. Recherchez et chérissez la bénédiction parentale.

## L'Histoire de Joyce Meyer — *du brisement à la bénédiction*

Joyce Meyer est l'une des écrivaines dont les livres ont eu un impact remarquable. Son histoire est un message fort à ceux qui ont été élevés dans des maisons d'abus.

Elle est aujourd'hui une ministre de culte, auteure et conférencière renommée dont l'influence s'étend dans le monde. Mais derrière son succès se cache une enfance marquée par la douleur et les abus. Au lieu de recevoir l'amour et la bénédiction d'un père, Joyce a enduré la violence physique et émotionnelle de son père. Il était souvent dur, diatribe et méchant, créant un environnement de peur et de rejet plutôt que celui de sécurité et d'affection. Ce manque de bénédiction parentale a laissé de profondes cicatrices émotionnelles et a provoqué des années de lutte pour l'estime de soi et l'identité.

Au cours d'un de ces moments où elle rendait ministère, elle a raconté ce qui suit au sujet de son père : « D'aussi loin que je me souvienne, il a abusé de moi sur les plans sexuel, verbal, mental et émotionnel jusqu'à mes 18 ans. » Il me violait au moins une fois par semaine jusqu'à l'âge de 18 ans. J'ai fait un peu de calcul — mon père, qui était censé me garder en sécurité, m'a violé environ 200 fois avant d'avoir 18 ans. »

Malgré cela, l'histoire de Joyce témoigne d'une résilience remarquable. Elle se tourna avec foi vers Jésus-Christ pour guérir son cœur et son esprit brisés. Grâce à la prière fervente, au conseil et à un engagement profond dans la parole de Dieu, elle a progressivement surmonté le traumatisme et le rejet qu'elle a vécus. Joyce a refusé de laisser les abus de son père définir son avenir ou dicter son identité. Au lieu de cela, elle a choisi d'embrasser l'amour de Dieu, lui permettant de transformer sa douleur en but. Ses expériences l'ont dotée de compassion et de perspicacité, qui, maintenant, renforcent son ministère, car elle aide des millions de personnes dans le monde entier à surmonter des difficultés similaires.

La vie de Joyce témoigne de la puissance de la grâce de Dieu qui rachète même les passés les plus sombres. Son histoire nous rappelle aujourd'hui que, bien que la bénédiction parentale soit puissante et vitale, la guérison de Dieu peut restaurer ceux qui ne l'ont pas reçue. Si vous avez subi un rejet, un abus ou un manque de soutien de vos parents, sachez que votre passé n'a pas à limiter votre avenir. À l'instar de Joyce Meyer, il est possible pour vous de surmonter cette épreuve et de devenir une preuve dynamique de la miséricorde divine qui est capable de transformer une vie.

### Qu'est-ce que la bénédiction parentale ?

Pour comprendre la « Bénédiction parentale », il est essentiel de définir clairement le mot « bénédiction » dans un contexte biblique. En hébreu, le terme le plus souvent associé à la notion de « bénédiction » est « Barak », qui se traduit par « se prosterner, bénir ou louer ». La bénédiction est la faveur divine, l'abondance, la prospérité et le bien-être. La bénédiction dans la Bible est plus que de bons souhaits ; c'est une transmission spirituelle de la puissance, de la protection, de la provision et de l'approbation de Dieu à quelqu'un.

Le mot grec pour bénédiction, *« Eulogia »*, signifie « un discours de bons souhaits ou de louange ». Mais encore une fois, cela pointe vers la faveur de Dieu accordée à une personne.

« La bénédiction parentale », par conséquent, n'est pas seulement des mots de gentillesse ou d'encouragement des parents ; c'est un acte spirituel qui transfère la faveur et la destinée de Dieu à leurs enfants. C'est une semence fondamentale qui aide à établir l'identité, le but et la protection de l'enfant dans la vie.[9]

**Les patriarches ont béni leurs enfants**
Il est courant de voir dans la Bible comment les patriarches bénissaient leurs enfants. En effet, ils possédaient une bénédiction spéciale et il était de leur responsabilité de le transmettre à leurs enfants avant leur mort. Combien de parents pensent aujourd'hui à bénir leurs enfants avant leur mort ? Peut-être que certains parents craignent que s'ils bénissent les enfants, la mort les arrache immédiatement. Alors, ils meurent finalement sans transférer la bénédiction à leurs enfants. Après avoir transmis la bénédiction à Jacob, Isaac a encore vécu quelques années avant de mourir.

- Abraham a béni Isaac (Genèse 26 : 3-4). Cet acte n'est pas directement notifié, mais, dans Genèse 27, nous voyons Isaac la transmettre à son fils.
- Isaac a béni Jacob deux fois (Genèse 27 : 27-29 ; 28 : 1-5).
- Jacob a béni les fils de Joseph, Manassé et Éphraïm (Genèse 48 : 14-16).
- Jacob a béni ses enfants pour qu'ils s'établissent avant sa mort (Genèse 49).
- Moïse a béni les tribus d'Israël pour qu'elles prospèrent avant sa disparition (Deut. 33).
- David a béni Salomon pour lui succéder (1 Chroniques 29 : 22).

- Job a béni ses enfants après leurs fêtes (Job 1 : 4-5).
- Jésus a accueilli et béni les petits enfants (Marc 10 : 13-16).

Ces bénédictions ont été prononcées avec autorité et foi et ont porté la puissance surnaturelle pour influencer les vies et les générations.

### Ce que la bénédiction parentale fera dans votre vie

La bénédiction parentale est plus que des mots ; c'est une solution divine qui établit vos enfants dans la présence de Dieu, s'assurant qu'ils prospèrent sous sa garde. Lorsque les parents ou les leaders spirituels bénissent, ils invoquent la puissance de Dieu pour soutenir, favoriser et apporter l'intégralité aux personnes bénies.

Nombre 6 : 24-26 résume ce que fera la bénédiction parentale dans votre vie.

> *« Que l'Éternel te bénisse, et qu'il te garde ! Que l'Éternel fasse luire sa face sur toi, et qu'il t'accorde sa grâce ! Que l'Éternel tourne sa face vers toi, et qu'il te donne la paix ».*

#### 1) La bénédiction évoque la protection de Dieu — *« Que l'Éternel te bénisse, et qu'il te garde »*

La bénédiction commence par une prière pour la faveur et la protection de Dieu. « Qu'il te garde » implique de vous protéger du mal, à la fois physique et spirituel, et en instaurant la sécurité dans votre vie quotidienne. Bénissez vos enfants pour qu'ils bénéficient de la sécurité.

#### 2) La bénédiction appelle la faveur et la grâce de Dieu — *« qu'il fasse luire sa face sur toi, et qu'il t'accorde sa grâce »*

Le « visage luisant » de Dieu est une métaphore de son approbation et de sa volonté. Cela signifie la présence, la faveur et la grâce de Dieu, qui ouvrent les portes, apportent du succès et permettent aux bienheureux d'expérimenter sa bonté. Bénissez vos enfants pour qu'ils bénéficient de la faveur et des portes ouvertes.

#### 3) La bénédiction apporte la paix — *« qu'il tourne sa face vers toi, et qu'il te donne la paix »*

La dernière partie parle de « Shalom », un mot hébreu qui signifie la paix, l'exhaustivité et le bien-être. Cette bénédiction englobe la paix dans tous les aspects de la vie : spirituel, émotionnel, relationnel et physique. Bénissez vos enfants afin qu'ils bénéficient de la paix et de la stabilité émotionnelle.

Pourquoi maudire vos enfants, alors que votre bénédiction pourrait les rendre puissants ?

**Les Déclarations négatives annulées**

Dans le domaine de bénédictions parentales, le pouvoir d'un nom porte un poids spirituel profond. Les déclarations faites par les parents, en particulier au travers des noms qu'ils donnent à leurs enfants, peuvent soit déverrouiller le destin ou le piéger.

Un exemple frappant est le nom que Rachel a donné à son fils **Benjamin.** Avant sa mort, Rachel l'a appelé Ben-Oni, qui signifie ***« fils de ma douleur »*** (Genèse 35 : 18). Ce nom était une malédiction, reflétant plutôt le chagrin au lieu de la bénédiction. Jacob, son père, a immédiatement changé le nom en Benjamin, ce qui signifie ***« fils de la main droite »***. Un nom signifiant la force, la faveur et une place d'honneur. Jacob a compris le principe de la bénédiction parentale et a inversé la déclaration négative en renommant et en bénissant son fils.

De même, la mère de Jaebets lui a donné un nom qui signifie *« chagrin »* ou *« ce qui attriste »* (1 Chroniques 4 : 9). Contrairement à Benjamin, le père de Jaebets n'est pas mentionné et il n'y a pas eu de bénédiction paternelle pour contrer l'impact négatif de son nom. Par conséquent, Jaebets a enduré les conséquences néfastes de son nom jusqu'à ce qu'il ose s'adresser directement à Dieu en implorant sa libération. Et Dieu a exaucé sa prière (1 Chroniques 4:10). Son histoire nous enseigne qu'en l'absence de renversement parental, on peut demander l'intervention de Dieu pour se libérer des déclarations négatives.

Un autre cas tragique est Ikabod, dont le nom signifie *« pas de gloire »* (1 Samuel 4 : 21-22). Sa mère lui a donné ce nom après avoir entendu parler de la perte de l'arche et celle de son mari. Après la naissance d'Ikabod, la gloire a quitté Israël et la Bible ne le mentionne plus jamais. Son histoire illustre comment un nom négatif peut symboliser la perte de la destinée et la faveur divine.

Vous sentez-vous piégé par un nom ou par des malédictions prononcées sur vous ? Jésus a payé le prix ultime sur la croix pour votre liberté. Avant sa mort, il a déclaré : « Tout est accompli » *(Jean 19 : 30)*, signalant que toute malédiction et toute servitude ont été brisées. En tant qu'enfant de Dieu, votre passé ne vous définit plus ; il a été nettoyé par le sang de Jésus-Christ. Réclamez votre liberté et vos bénédictions aujourd'hui. Le pouvoir de tout nom négatif est brisé au nom de Jésus. Vous prospérerez et vous marcherez dans la faveur, tout comme Benjamin et Jaebets.

### Activer les bénédictions parentales

Trois choses à propos de vous peuvent toucher le cœur de vos parents et libérer de puissantes bénédictions ou malédictions dans votre vie :

#### 1. Les actes d'amour qui coûtent

Les actes d'amour qui nécessitent de vous des efforts et des sacrifices amèneront vos parents à vous bénir. Isaac a dit à Ésaü,

> *« Fais-moi un mets que j'aime, et apporte-le-moi à manger, afin que mon âme te bénisse avant que je meure » (Genèse 27 : 4).*

Le cadeau d'Ésaü était destiné à émouvoir le cœur d'Isaac et à libérer la bénédiction d'Abraham sur lui. Je vous ai expliqué comment le cadeau à mon père a touché son cœur, et il m'a béni.

Vous devez délibérément provoquer les bénédictions de vos parents en prenant soin d'eux lorsqu'ils sont malades, en répondant à leurs besoins urgents, et en faisant ce qu'ils aiment ou en passant du temps à les servir. Beaucoup se disent qu'honorer les serviteurs de Dieu à l'église suffit. Ils investissent beaucoup dans la prise en charge de leurs leaders spirituels à l'église, négligeant leurs parents. Est-ce parce que vous pensez que vos parents ne sont pas oints ? N'oubliez jamais ceci : vos parents biologiques, qu'ils soient nés de nouveau ou non, ont l'autorité spirituelle sur vous. Si vous les honorez, Dieu vous bénira.

La Bible dit :

> *« Honore ton père et ta mère (c'est le premier commandement*

*avec une promesse), afin que tu sois heureux et que tu vives longtemps sur la terre » (Éphésiens 6 : 2-3).*

On note qu'il n'a pas dit : « Honore ton apôtre, ton prophète ou ton pasteur. » Il a dit : « Honore ton père et ta mère. » Vos parents spirituels, ainsi que vos parents biologiques, ont chacun leur place. Traitez-les comme la Bible l'a indiqué.

Honorer vos parents biologiques débloquera la prospérité et la longévité dans votre vie.

Même si vos parents ont un comportement abusif ou inapproprié, vous devez toujours leur témoigner du respect. Faites votre part en les honorant et faites confiance à Dieu pour gérer le reste.

### 2. La provocation intense

Manquer de respect ou provoquer vos parents peut apporter une malédiction dans votre vie. Voici ce que la Bible dit à ce propos.

*« Si quelqu'un maudit son père et sa mère, sa lampe s'éteindra au milieu des ténèbres » (Proverbes 20 : 20).*

*« Maudit soit celui qui méprise son père et sa mère ! » (Deutéronome 27 : 16)*

Ruben, le fils aîné de Jacob, a déshonoré son père en couchant avec la concubine de Jacob, Billa (Genèse 35 : 22). Ceci fut une grave violation de la confiance familiale et un défi direct de l'autorité de son père. Sur son lit de mort, Jacob a déclaré,

*« Impétueux comme les eaux, tu n'auras pas la prééminence ! Car tu es monté sur la couche de ton père, tu as souillé ma couche en y montant » (Genèse 49 : 4).*

Le péché de Ruben lui a coûté son droit d'aînesse et son leadership, et sa tribu a perdu de l'importance. Cela montre que le manque de respect envers les parents conduit à une perte sans fin de l'honneur, de la bénédiction et de son statut.

Beaucoup ont du mal dans la vie parce qu'ils ont sciemment ou inconsciemment provoqué des malédictions par leur manque de respect vis-à-vis des parents. Si vous n'avez pas encore réglé certains conflits avec vos parents, humiliez-vous et cherchez la réconciliation. J'ai prêché une fois un message intitulé « La Bénédiction parentale ». Un frère de notre église, confronté à des échecs répétés en affaires, a décidé de rentrer chez lui. Il a apporté des cadeaux à ses parents, puis il a attendu patiemment deux jours avant de leur demander pardon et bénédiction. Son père, qui, autrefois, était en colère contre lui d'avoir choisi les affaires plutôt que l'éducation, l'a béni ce jour-là tout en larmes. À partir de ce moment-là, sa fortune a changé et il n'a plus jamais affronté de telles difficultés. Vous pouvez vivre la même transformation en faisant ce que le frère Paul a fait.

### 3. Quand quelqu'un blesse ton enfant

Le cœur d'un vrai parent est profondément ému lorsqu'on blesse son enfant. Lorsque cela se produit, il peut libérer de puissantes prières qui perturbent le royaume des ténèbres et apportent la liberté à votre enfant. Jaïrus, un leader de la synagogue, a illustré cela quand il a supplié Jésus de guérir urgemment sa fille mourante (Marc 5 : 22-24). Son combat désespéré pour sauver sa vie a conduit Jésus à la ressusciter des morts, montrant la force de la foi et la supplication d'un parent pour la délivrance.

Cependant, un cœur à ce point heurté peut également conduire un parent dans le péché si l'objectivité est perdue. De nombreux parents avec lesquels je prie insistent pour dire que leur enfant n'a rien fait de mal, surtout en cas de conflit conjugal. Ils soutiennent souvent aveuglément leur enfant et accusent le conjoint de leur enfant d'être à l'origine du problème. C'est dangereux. C'est pourquoi il n'est pas sage de signaler rapidement vos différences conjugales à vos parents.

Cher parent, faites ceci lorsque les difficultés de votre enfant font trembler votre cœur : commencez par remercier Dieu pour ce qu'il a déjà fait dans son mariage. Ensuite, intercédez pour le pardon de votre enfant et de son conjoint. Priez sérieusement pour que leurs cœurs se ramollissent et que l'intervention de Dieu rétablisse la situation. Engagez-vous dans une guerre spirituelle, mais demandez toujours à Dieu de remplir votre cœur et le leur de sagesse et d'amour.

Si vous voulez l'aide de Dieu, vous devez gérer le problème en fonction de son plan pour le mariage comme révélé dans la Bible. Humiliez-vous par le jeûne et la prière afin de discerner la perspective et les conseils de Dieu sur la manière de traiter correctement la situation.

## 14 Moments pour communiquer les bénédictions parentales

En tant que parent, vous avez l'autorité spirituelle de libérer la faveur, la protection et l'autonomisation de Dieu dans leur vie. Je veux vous montrer des moments stratégiques où vous, en tant que parent pieux, devriez transmettre des bénédictions à vos enfants. Les bénédictions parentales sincères pendant ces moments stratégiques affirment l'identité, le but et la destinée de votre enfant.

*1) La dédicace à la naissance* : Anne consacre Samuel au Seigneur (1 Samuel 1 : 27-28). Pendant que vous organisez une cérémonie de dédicace pour votre bébé à l'église, réservez un temps pour bénir et faire des déclarations prophétiques pour la destinée de votre enfant. Faites-le avec votre conjoint si vous êtes des croyants.

*2) Lors des anniversaires* : Jacob a béni ses fils (Genèse 49). Bien que la Bible ne mentionne pas explicitement les bénédictions d'anniversaire, c'est un moment de transmission pour les parents.

*3) Avant le mariage* : les parents de Rebecca l'ont béni avant de quitter la maison pour son foyer (Genèse 24 : 60). Isaac a béni Jacob avant le mariage et la vie de famille (Genèse 27 ; 28 : 1-10). Bénissez vos enfants avant qu'ils ne quittent votre maison pour aller en mariage. Ceci est différent de la bénédiction à l'église. Demandez la faveur et les bénédictions de Dieu sur leur union.

*4) Avant le début de l'année scolaire* : Salomon a prié pour la sagesse avant de diriger Israël (1 Rois 3 : 9). Les parents peuvent prononcer des bénédictions pour la sagesse et le succès avant que leurs enfants ne commencent les classes.

*5) Avant de voyager* : Abraham bénit son serviteur avant de l'envoyer trouver une femme pour Isaac (Genèse 24 : 1-9). Bénissez vos enfants avant qu'ils voyagent. Demandez la protection et les conseils de Dieu. Mon père prie toujours pour moi avant mon voyage hors du Cameroun. Parfois, il m'appelle quand je suis assis dans l'avion, sur le point de décoller.

**6) Quand ils sont malades** : Jésus a guéri et a béni les malades (Marc 1 : 40-42). Priez et imposez les mains à vos enfants pour la guérison et la restauration lorsqu'ils sont malades. Vous pouvez les oindre. Mon épouse et moi avons vu plusieurs interventions divines dans la vie de nos enfants quand ils étaient malades.

**7) Face à la crise** : Dieu a promis de donner à vos enfants la paix et le fondement divins. Priez pour eux lorsqu'ils se blessent ou quand ils font face à des moments difficiles (Ésaïe 54 : 23-17). Allez vers eux ou appelez-les pour qu'ils viennent vers vous afin que vous leur rendiez ministère. Vous pouvez également leur rendre ministère virtuellement.

**8) Quand ils débutent un nouvel emploi :** bénissez les enfants qui entrent dans de nouveaux environnements de travail afin qu'ils reçoivent la faveur et le succès (Nombres 6 : 22-27). Si vous vivez dans la même ville, allez au bureau de votre enfant et priez.

**9) Déménager dans une nouvelle maison** : bénissez la nouvelle maison de votre enfant pour la paix et la prospérité (Psaumes 91). Certaines maisons sont infestées de démons et doivent être désinfectées spirituellement. Rejoignez vos enfants pour le faire si vous êtes près d'eux.

**10) Commencer à construire (maison, entreprise, etc.)** : la construction du temple de Salomon a commencé par la prière et la bénédiction (1 Rois 8). Bénissez le projet que votre enfant commence. J'ai appelé mes parents pour se joindre à ma femme et à moi, et un pasteur que j'avais invité à bénir notre projet de maison avant de commencer la construction.

**11) Dédicacer une nouvelle maison** : Salomon a inauguré le temple avec une prière et une bénédiction (2 Chroniques 6). Rejoignez vos enfants pour bénir leurs nouvelles maisons, pour inviter la présence et la protection de Dieu.

*12) **Lorsque vous prévoyez de donner naissance*** : bénissez les conjoints de vos enfants ou les enfants de votre famille pendant la grossesse et l'accouchement. Veillez à leur donner l'aide nécessaire pendant cette période. Une femme chrétienne a déclaré que, si elle n'avait pas été présente à l'hôpital lors du premier accouchement de sa fille, elle l'aurait perdue. Mères, soyez là pour eux !

*13) **Avant de passer des examens*** : Daniel a recherché la sagesse et la faveur de Dieu (Daniel 1 : 17). Bénissez-les avant qu'ils ne passent leurs examens. Priez pour la clarté, la mémoire et le succès aux examens.

*14) **Avant de passer des entretiens importants*** : Esther s'est approchée du roi avec faveur (Esther 5 : 1-2). Bénissez votre enfant pour la faveur, la confiance et le succès dans les entretiens.

Les bénédictions parentales peuvent être transmises à l'autel familial ou à distance au moyen de connexions en ligne. Les parents peuvent imposer les mains, oindre d'huile ou bénir leurs enfants.

**Bénissez vos enfants**
La bénédiction des parents est une transmission divine de la faveur, de l'autorité et de la protection de Dieu sur les enfants, façonnant leur destinée de manière profonde. Elle est enracinée dans les Écritures, comme dans Nombres 6 : 24-26, Deutéronome 8 : 18 et Proverbes 10 : 22. La bénédiction ouvrira des portes au succès, à la paix et à la prospérité de vos enfants. Dans la Bible, nous avons vu comment les patriarches, comme Abraham, Isaac, Jacob et Moïse, ont modélisé cette pratique en bénissant leurs enfants et leurs tribus.

Je vous encourage à bénir vos enfants régulièrement, par la prière, la déclaration et l'imposition des mains. Cela activera sur eux la faveur de Dieu. Je le fais pour mes enfants chaque semaine. Si vous n'avez pas de parents pour vous bénir, cherchez la grâce de Dieu pour la restauration, comme Joyce Meyer.

Mettez ce message en pratique dans votre famille et voyez les percées puissantes qui commenceront à se produire.

LES FONDEMENTS D'UNE FAMILLE BÉNIE :
*10 principes dont vous avez besoin*

## SUJETS DE PRIÈRE
### Actions de grâces :
1. Père, merci pour le don de la bénédiction parentale qui façonne des destinées, au nom de Jésus.
2. Seigneur, je te remercie pour les bénédictions et pour les prières déclarées par mes parents et mes leaders spirituels, au nom de Jésus.
3. Père, je te remercie pour cette promesse, c'est la bénédiction de l'Éternel qui enrichit et il ne la fait suivre d'aucun chagrin, au nom de Jésus.
4. Merci pour les bénédictions générationnelles disponibles en Christ Jésus, au nom de Jésus.

### La Repentance et la miséricorde :
5. Père, pardonne à ma famille ainsi qu'à moi pour avoir déshonoré les parents au travers des mots, des attitudes ou des actions, au nom de Jésus.
6. Seigneur, pardonne-nous pour chaque déclaration négative que nous avons faite sur nos enfants, au nom de Jésus.
7. Père, pardonne à nos parents les paroles de colère, de rejet ou de malédictions prononcées sur nous, au nom de Jésus.
8. Seigneur, aie pitié de nous, car nous avons négligé de bénir constamment nos enfants avec des paroles de vie. Au nom de Jésus, nous te prions.

### Activer les bénédictions parentales :
9. Seigneur, aide-moi à utiliser mes mots pour transmettre des bénédictions et non des malédictions sur mes enfants, au nom de Jésus.
10. Père, relâche ton onction sur mes lèvres afin que mes déclarations façonnent des destinées divines, au nom de Jésus.
11. Seigneur, que chaque bénédiction prononcée par nos parents aligne nos familles avec ton but, au nom de Jésus.
12. Père, que les bénédictions parentales débloquent la faveur et ouvrent des portes d'opportunité pour nos enfants, au nom de Jésus.
13. Seigneur, bénis nos enfants avec sagesse, connaissance et compréhension pour le succès, au nom de Jésus.
14. Père, que nos bénédictions parentales servent de bouclier de protection sur nos enfants, au nom de Jésus.

### Briser les déclarations négatives :
15. Toute déclaration négative prononcée sur ma vie est annulée par le sang de Jésus, au nom de Jésus.

16. *Seigneur, inverse toute malédiction de douleur, de limitation et de rejet imposés à tout membre de ma famille, au nom de Jésus.*
17. *Père, fais que toute la puissance de tout nom maléfique qui travaille contre ma destinée soit réduite au silence, au nom de Jésus.*
18. *Seigneur, guéris toute blessure et toute cicatrice causées par le rejet parental, au nom de Jésus.*
19. *Père, relâche ta bénédiction pour remplacer tout décret négatif sur ma maison, au nom de Jésus.*

## Honorer les parents :

20. *Seigneur, donne-nous la sagesse pour honorer nos parents dans l'amour et dans l'humilité, au nom de Jésus.*
21. *Père, que nos actes de gentillesse et de service envers nos parents provoquent des bénédictions générationnelles, au nom de Jésus.*
22. *Seigneur, aidez-nous à apprécier et à prendre soin de nos parents quand ils ont besoin de nous, au nom de Jésus.*
23. *Père, que la réconciliation et le pardon coulent entre les parents et les enfants de notre famille, au nom de Jésus.*
24. *Seigneur, que l'action d'honorer les parents débloque la prospérité et une longue vie pour nous et nos enfants, au nom de Jésus.*

## Que la bénédiction parentale coule :

25. *Seigneur, que les bénédictions d'Abraham, Isaac et Jacob coulent dans notre lignée, au nom de Jésus.*
26. *Père, aide-nous à apprendre de Jacob et à bénir nos enfants avec des paroles d'avenir, au nom de Jésus.*
27. *Seigneur, élève des pères et des mères de notre famille qui parleront prophétiquement comme Moïse, au nom de Jésus.*
28. *Père, prenons Jésus comme modèle en accueillant et en bénissant nos enfants, au nom de Jésus.*
29. *Seigneur, fais de nous des parents qui couvrent constamment nos enfants dans la prière comme Job, au nom de Jésus.*
30. *Père, que nos bénédictions parentales apportent de la stabilité, de la paix et de l'impact générationnel au nom de Jésus.*

## La délivrance des enfants de la servitude :

31. *Père, délivre nos enfants de toute servitude de dépendance d'immoralité, et de la pression des amis et connaissances, au nom de Jésus.*

32. Seigneur, brise tout joug de peur, de dépression et de captivité mentale tenant nos enfants liés, au nom de Jésus.
33. Père, libère nos enfants de toute malédiction ancestrale et générationnelle qui limite leur destin, au nom de Jésus.
34. Seigneur, libère nos enfants de l'emprise de l'occultisme, de la sorcellerie et des alliances impies, au nom de Jésus.
35. Père, que le sang de Jésus assure la délivrance totale et la victoire pour nos enfants, au nom de Jésus.

**La restauration des bénédictions familiales :**
36. Père, que chaque bénédiction volée à notre lignée familiale soit récupérée sept fois, au nom de Jésus.
37. Seigneur, restaure les bénédictions financières, spirituelles et conjugales que l'ennemi a détournées de notre maison, au nom de Jésus.
38. Père, que toute bénédiction enfouie dans les alliances ancestrales soit libérée pour notre génération, au nom de Jésus.
39. Seigneur, récupère pour nous l'honneur, les opportunités et la faveur qui ont été perdus par la désobéissance, au nom de Jésus.
40. Père, que les bénédictions générationnelles coulent à nouveau dans notre famille, et apportent la prospérité et la croissance divine, au nom de Jésus.

**La croissance des géants dans notre famille :**
41. Père, élève des hommes et des femmes de foi, de vision et d'influence dans notre famille qui se tiendront comme des géants dans leur génération, au nom de Jésus.
42. Seigneur, que les dirigeants, les financiers du royaume et les innovateurs émergent de notre famille pour avoir un impact sur les nations, au nom de Jésus.
43. Père, oins nos enfants afin qu'ils deviennent des géants spirituels qui vont démêler les bastions et établiront ton royaume, au nom de Jésus.
44. Seigneur, élève des pionniers originaires de notre famille dans les domaines de l'éducation, les affaires, le ministère et la gouvernance, au nom de Jésus.
45. Père, nous prophétisons que notre lignée ne manquera jamais de géants de la sagesse, d'excellence et d'autorité divine, au nom de Jésus.

**Le Réveil dans les familles de ce pays :**
46. Père, déverse ton esprit sur les familles à travers cette nation et enflamme le vrai renouveau, au nom de Jésus.
47. Seigneur, restaure les autels de la prière, le culte et la parole dans chaque ménage, au nom de Jésus.

48. *Père, que chaque famille de ce pays se détourne de l'idolâtrie et du compromis, et revienne entièrement vers vous, au nom de Jésus.*
49. *Seigneur, élève des familles comme des centres de lumière, de sainteté et d'évangélisation qui transformeront les communautés, au nom de Jésus.*
50. *Père, que le feu du réveil dans les familles se répande à travers le pays jusqu'à ce que la justice exalte notre nation, au nom de Jésus.*

La bénédiction parentale

Chapitre 10
Jours 28-30

## Un héritage durable

*« L'homme de bien a pour héritiers les enfants de ses enfants, mais les richesses du pécheur sont réservées pour le juste » (Proverbes 13 : 22).*

Comment voulez-vous qu'on se souvienne de vous lorsque vous ne serez plus vivant ? Certaines personnes vivent sans but, réfléchissant très peu sur leur avenir. Ils négligent un principe qui a toujours dirigé la vie : la loi de la semence et de la récolte. Galates 6 : 7 le déclare clairement :

*« Ce qu'un homme aura semé, il le moissonnera aussi. »*
Savez-vous que tout acte que vous posez aujourd'hui, qu'il soit vu ou pas, est une semence et que toute semence produit une récolte ?

Pensez à votre famille dans cinq, dix ou quinze ans. Quel futur projetez-vous ? peut-être rêvez-vous d'élever des enfants qui deviendront d'honorables dirigeants ou encore une famille forte, unie qui craint Dieu. Ces rêves sont louables, mais sans action, ils mourront. Votre obéissance, votre sacrifice et les investissements pieux que vous faites aujourd'hui définissent le futur que vous espérez voir.

Les Écritures nous donnent l'inspiration et l'avertissement. Les familles d'Abraham et de David ont été bénies de génération en génération grâce à leur fidélité. David, surtout, a reçu une promesse qui a conduit à la naissance du Christ parce qu'il a marché dans la justice. Cependant, la famille de Saül s'est éteinte à cause de la désobéissance. La vie d'une personne peut bâtir ou détruire une lignée entière.

Votre mode de vie aujourd'hui conduira à la prospérité ou à la destruction de votre lignée entière dans les années à venir. Permettez-moi de vous poser quelques questions pertinentes : « Si vous saviez que vos choix quotidiens auraient un impact sur le futur de vos enfants, comment vivriez-vous ? « Si vous aviez l'assurance d'être récompensé au ciel pour votre obéissance ou de subir les conséquences éternelles de votre rébellion en enfer, quels changements apporteriez-vous aujourd'hui ?

Malheureusement, plusieurs vivent avec la mentalité erronée : « vivons aujourd'hui ; demain s'occupera de lui-même. ». Mais cette attitude est dangereuse. D'après Galates 6 : 8, vous récolterez ce que vous semez. Chaque jour, vous semez à travers vos mots, vos actions, vos valeurs et votre modèle. La véritable question est : quel type d'héritage bâtissez-vous ? Votre vie rapprochera-t-elle votre famille de Dieu ou l'éloignera-t-elle de lui ? Votre obéissance ouvrira-t-elle la voie aux bénédictions ou votre négligence laissera-t-elle des malédictions et du chagrin ?

Un héritage durable n'est pas le fruit du hasard. Il naît d'un mode de vie intentionnel, d'une foi constante et d'un sacrifice centré sur Christ. Et le moment de semer, c'est maintenant !

**Un exercice effrayant**
En septembre 2023, j'ai passé trois jours intenses à l'Université de Babcock au Nigéria, où j'ai suivi une formation sur le leadership transformationnel, dispensée par l'Institute of National Transformation (INT), dirigé par le Professeur Vincent Anigbogu.

C'est le programme le plus rigoureux auquel j'ai participé. Nous avions moins d'une heure de sommeil par jour, structurée de manière intentionnelle pour nous apprendre à diriger sous la pression extrême. Nous avons exécuté plusieurs tâches difficiles, mais l'une d'entre elles se démarquait particulièrement ; elle était terrifiante. Au premier abord, certains apprenants ont refusé de l'exécuter, mais le Professeur Vincent a averti : « Quiconque ne pourra affronter cet exercice sera éliminé. » Cela ne nous laissait pas le choix. Tout le monde s'y est soumis.

Voici l'exercice :

« Rédigez une nécrologie réaliste qui reflète votre vie telle qu'elle est actuellement ; non pas ce que vous aimeriez que les gens disent, mais ce qu'ils diraient honnêtement aujourd'hui.

Répondez aux questions suivantes :

(1) ***Que dirait-on de vous ?***

Concentrez-vous sur votre style de vie actuel, sur votre caractère et sur la manière dont les autres vous considèrent.

(2) ***Quelles réalisations auriez-vous accomplies ?***

Citez les réalisations qui définissent votre vie aujourd'hui — sur les plans éducatif, professionnel, personnel ou spirituel.

(3) ***Qui vous pleurerait ?***

Considérez votre famille, vos amis, votre église et votre communauté. Qui ressentirait votre perte ?

(4) ***Qui viendrait à vos obsèques et combien seraient présents ?***

Réfléchissez honnêtement à votre niveau d'impact. S'agirait-il d'une réunion familiale ou bien d'un rassemblement de toute une communauté ? Comparez cette version de votre vie à votre appel divin. Qu'avez-vous accompli ou qu'est-ce qui vous reste à accomplir pour le royaume de Dieu ? »

Voici ma nécrologie que j'ai rédigée.

« Godson T. Nembo, âgé de 49 ans, ancien Directeur des Missions étrangères à la Mission du Plein Évangile du Cameroun et fondateur du Réseau chrétien de restauration (RCR), est décédé le 16 septembre 2023.

Il est l'auteur de plus de 27 livres, dont un guide de prière quotidienne, lu dans le monde entier : Tempête de prière. Ce dévotionnel quotidien a impacté d'innombrables vies à travers le monde. Avec plus d'un million d'exemplaires de ses œuvres disponibles globalement, son influence va au-delà des frontières. Godson était connu pour ses efforts inlassables visant à mobiliser le réveil spirituel national. Il organisait le programme annuel de 30 jours de jeûne national, les camps de prière et divers programmes d'intercession dédiés à voir Dieu agir au Cameroun et dans les nations. Sa passion pour la restauration de la famille, le discipolat et le réveil a laissé une empreinte durable sur plusieurs.

Il était une figure paternelle pour plusieurs veuves et orphelins, finançant généreusement leur éducation et leur bien-être. Sa famille, le peuple qu'il soutenait et les nombreux individus blessés, opprimés et possédés qu'il assistait sont profondément attristés par son décès.

Ses obsèques rassembleront diverses catégories de personnes, notamment des gouverneurs, des administrateurs, des chefs traditionnels, des militaires, des commissaires, des chefs d'entreprise et des individus de tous rangs de la société — une preuve de l'impact mondial de sa vie et de son ministère. »

### Pouvez-vous également faire cet exercice ?

Vous prendrez peut-être du temps pour faire cet exercice, comme moi, ou vous hésiterez par peur. Mais souvenez-vous, Paul considérait sa mort comme un moment de triomphe et de gloire, parce que son profond désir était d'être avec Christ. Il a dit :

> *« Car Christ est ma vie, et la mort m'est un gain » (Philippiens 1 : 21).*

Pour lui, la mort n'était pas une perte ; elle était un accomplissement (2 Timothée 4 : 7).

Avez-vous peur de la mort ? C'est peut-être un signe que vous n'êtes pas véritablement libre. Toute personne qui n'est pas prête pour le royaume des cieux craindra naturellement la fin. Mais lorsque vous avez vécu une vie déterminée, dans l'obéissance et l'abandon à Dieu, vous pouvez affronter la mort sans crainte ni honte, devant Dieu, devant les gens et devant vous-même.

Un jour, vous quitterez ce monde. Cela pourrait se produire quand vous vous y attendrez le moins. J'ai mentionné cet exercice sur la nécrologie pour te pousser à mener une vie avec un but, ayant l'éternité en vue. Vous devez laisser derrière vous un héritage glorieux.

### L'impact à long terme d'un héritage pieux ou impie

Tout au long de ce livre, nous avons vu comment la piété et l'impiété peuvent définir les destinées de familles entières. En examinant divers exemples tirés des écritures et de l'histoire, nous avons découvert l'impact profond et durable des choix d'une personne.

Dans ce chapitre, je ne vous encombrerai pas avec plusieurs histoires. Mon but est simple : vous pousser à vivre de manière intentionnelle, afin de laisser un héritage qui honore Dieu et bénit les générations futures. Cela dit, nous allons brièvement réfléchir à une dernière comparaison historique puissante, l'histoire de Max Jukes et Jonathan Edwards.

A. E. Winship (1845-1933) était un éducateur, auteur et conférencier américain connu pour avoir mis en évidence l'influence du caractère, des valeurs et de l'éducation sur les générations futures. Il a été le premier à documenter les héritages contrastés de Max Jukes et Jonathan Edwards dans son ouvrage influent, *Jukes-Edwards : A Study in Education and Heredity* (une étude en éducation et sur l'hérédité), une comparaison que nous explorerons brièvement dans ce chapitre.

En poursuivant les recherches dans une prison à New York, A. E. Winship remarqua quelque chose d'inhabituel. En examinant les archives, il découvrit que plusieurs prisonniers venaient de la même lignée familiale. Ce qui éveilla sa curiosité. Il voulait comprendre comment tant de personnes d'une même famille avaient fini en prison. Un homme m'a raconté un jour une histoire pathétique similaire, quatre de ses frères étaient à la prison centrale de Yaoundé. Il avait ajouté que sa famille était tellement pauvre que s'ils étaient confrontés à un problème nécessitant 50 000 F CFA (environ 95 $), ils ne pourraient pas le résoudre.

Winship découvrit que les prisonniers qui avaient attiré son attention dans la prison de New York venaient de la famille d'un homme nommé Max Jukes. Max était un athée qui vivait sans se soucier de Dieu et des valeurs morales. Il a épousé une femme qui avait un caractère similaire et tous les deux vivaient d'une manière irresponsable. Avec le temps, leurs enfants et leurs petits-enfants suivirent leurs traces.
Winship retraça environ 1 200 descendants de Max Jukes et ce qu'il découvrit était choquant :

- 310 devinrent des indigents (très pauvres et dépendant des autres) ;
- 130 devinrent des criminels condamnés ;
- 190 devinrent des prostituées publiques ;

- 60 devinrent des bandits ;
- 7 devinrent des meurtriers ;
- 100 devinrent alcooliques.

Aucun d'entre eux n'apporta une contribution positive à la société.

Cette découverte troublante amena Winship à se poser une autre question : « que se passe-t-il lorsqu'une personne mène une vie pieuse ? » Pour y répondre, il étudia les descendants de Jonathan Edwards, un pasteur chrétien et théologien des années 1700. Edwards était un homme d'une foi profonde qui épousa une femme pieuse. Ensemble, ils éduquèrent leurs enfants dans la discipline, la prière et un sens aigu du devoir.

Winship retraça environ 1 400 descendants d'Edwards et découvrit des résultats différents :

- 300 devinrent pasteurs ou missionnaires ;
- 120 devinrent des enseignants d'universités ;
- 110 devinrent avocats ;
- 30 devinrent des juges ;
- 13 devinrent proviseurs de lycées ;
- 3 ont siégé au Congrès ;
- Et l'un d'eux devint Président des États-Unis d'Amérique.

La comparaison est évidente : la vie athée d'un homme a conduit à des générations de destruction, tandis que la vie pieuse d'un autre a produit des générations d'influence, de leadership et de bénédictions.

Cela nous enseigne que nos choix ont de l'importance, non seulement pour nous, mais pour ceux qui viennent après nous. L'héritage que vous laissez commence par votre mode de vie aujourd'hui. Vous pouvez décider de changer l'avenir de votre famille aujourd'hui !

### Qu'est-ce que l'héritage ?

Le mot anglais « héritage » vient du latin *« legatus »* qui signifie ambassadeur, envoyé ou personne chargée de représenter. Au fil du temps, il a pris le sens de quelque chose qui se transmet, qu'il s'agisse d'une mission, d'une propriété ou d'une réputation.

En hébreu, le mot souvent associé à l'héritage est *« nachalah »*, traduit par « héritage » ou « possession ». Il implique quelque chose qui se transmet d'une génération à une autre — que ce soit un terrain, une bénédiction ou une responsabilité.

En grec (Nouveau Testament), le mot « *kleronomia* » est utilisé pour signifier « héritage » ou « patrimoine ». Il fait référence au fait de recevoir ce qui vous revient de droit par votre famille ou par une alliance.

Du point de vue biblique, l'héritage va au-delà du matériel ; il renvoie à ce qu'on confie ou qu'on transmet à la génération future.

## 7 types d'héritages

Ce sont des héritages pieux que vous pouvez léguer à la génération future.

1) ***L'héritage spirituel*** : transmettre la foi véritable en Christ et la dévotion à Dieu garantit que les futures générations marcheront dans ses voies (Deutéronome 6 : 6-7 ; 2 Timothée 1 : 5 ; Psaume 78 : 4).

2) ***L'héritage moral*** : vivre dans l'intégrité, la justice et la vérité laisse un nom plus précieux que les richesses (Proverbes 22 : 1 ; Michée 6 : 8 ; Proverbes 20 : 7).

3) ***L'héritage relationnel*** : cultiver l'amour, le pardon et l'unité dans la famille crée la paix qui bénit des générations (Colossiens 3 : 13-14 ; Éphésiens 4 : 32 ; Psaume 133 : 1).

4) ***L'héritage de l'intelligence/des compétences*** : transmettre la sagesse, la connaissance et les compétences équipe les enfants pour le succès et glorifie Dieu (Proverbes 22 : 6 ; Ecclésiastes 7 : 12 ; Exode 35 : 30-31).

5) ***L'héritage financier/matériel*** : pourvoir de manière responsable pour sa famille et laisser un patrimoine bâtit la stabilité et l'honneur (Proverbes 13 : 22 ; 1 Timothée 5 : 8 ; 2 Corinthiens 12 : 14).

6) ***L'héritage du service*** : une vie de générosité, de sacrifice et de services inspire les autres et fait perdurer la mémoire de celui qui donne (Actes 20 : 35 ; Matthieu 5 : 16 ; Hébreux 6 : 10).

7) ***L'héritage de la créativité*** : utiliser l'imagination divine et l'innovation pour bénir la société laisse derrière soi des œuvres, des idées et des solutions qui impactent les générations futures (Genèse 1 : 27 ; Exode 35 : 31 ; Matthieu 5 : 16).

**Votre héritage repose sur sa fondation**

Tout héritage durable commence par une fondation solide. La solidité de ce que vous construisez dans la vie dépendra des fondements sur lesquels il repose. Plusieurs personnes se soucient de la beauté et de la taille de leur « édifice » — leur carrière, ministère, affaire ou famille. Mais Dieu accorde plus d'importance à la fondation.

Psaume 11 : 3 demande :

*« Quand les fondements sont renversés, Le juste, que ferait-il ? »*

La réponse est évidente : sans une bonne fondation, même le juste ne peut pas préserver ce qui est bâti. Une fondation fissurée ou corrompue garantit un effondrement inévitable. Un pont mal construit et fissuré ne peut servir que pour un temps. Il s'effondrera certainement. Un magnifique gratte-ciel peut être construit rapidement, mais si ses fondations sont peu profondes, le premier tremblement de terre le fera s'écrouler. Par contre, un bâtiment doté de fondations profondes et renforcées peut prendre plus de temps à construire, mais il résistera à toutes les tempêtes.

Que bâtissez-vous ? Résistera-t-il au temps ? Certaines personnes ne se soucient pas de la manière dont elles gagnent de l'argent ou de la manière dont elles avancent dans la vie. Si vous grimpez au sommet en écrasant les autres ou si vous prospérez en trompant les autres, un jour de jugement viendra et votre famille devra en payer le prix. C'est la vérité que Dieu veut que nous apprenions. Les raccourcis ne nous amènent pas loin ; ils compliquent notre trajet.

Un jour, mon fils partagea avec moi quelque chose qui me choqua profondément. Il dit : « Papa, l'un de mes amis m'a dit : "si seulement tu savais ce que tu portes, tu serais déjà très riche." » Je comprenais exactement ce que le jeune homme avait dit à mon fils — il suggérait que j'utilise le ministère pour gagner de l'argent à tout prix. Je regardai mon fils et je lui répliquai clairement : « je ne manipulerai jamais les gens et je ne compromettrai jamais mes principes pour de l'argent ou la gloire. »

Chaque fois que je fais face à la tentation, je pense directement aux conséquences que mes actes pourraient avoir sur mes enfants. Je me demande : « Et si je cédais et que j'attirais le jugement de Dieu sur eux ? » Je me souviens souvent de Guéhazi qui entraîna la lèpre sur lui et ses descendants à cause de ses actions sournoises avec Naaman (2 Rois 5).

Pourquoi est-ce qu'un moment de plaisir égoïste condamnerait ma progéniture à des années de douleur ? Plusieurs familles aujourd'hui souffrent sous le poids des mauvaises fondations bâties par les parents. Au lieu de briser ces schémas de péché, certains croyants continuent à tourner en rond dans les mêmes cercles vicieux (immoralité, alcoolisme, malhonnêteté, méchanceté), en espérant des percées. Il est temps d'arrêter cette religion vide de sens et de devenir sérieux avec Dieu.

S'il est vrai que le changement viendra, vous devez choisir de bâtir une nouvelle fondation de justice pour votre famille, une fondation qui brise la malédiction du passé et assure un avenir de bénédiction. Malheureusement, certains prédicateurs aujourd'hui déforment les Écritures pour exploiter les âmes vulnérables, les dépouillant de leurs revenus dûment gagnés. Mais la vérité est que tout voleur derrière le pupitre fera face au jugement. Regardez Élie et ses fils dans 1 Samuel 2. Ils souillèrent l'autel de Dieu avec la cupidité et, en conséquence, ils souffrirent des conséquences horribles avec leurs enfants. Est-ce vraiment ce que vous voulez pour votre famille ? Prenez garde à ce que vous bâtissez aujourd'hui !

### Comment bâtir un héritage qui bénit des générations

Bâtir un héritage qui bénit des générations ne se fait pas par hasard. Cela nécessite la volonté, la foi et la constance. Voici des principes bibliques clés qui vous guideront :

### 1. Craignez Dieu et transmettez des valeurs pieuses

La fondation de tout héritage durable est la crainte du Seigneur. Proverbes 9 : 10 déclare :

> *« Le commencement de la sagesse, c'est la crainte de l'Éternel ; Et la science des saints, c'est l'intelligence. »*

Toutes les générations laissent quelque chose derrière elles. Certaines transmettent les bénédictions, la faveur, les terres, l'argent ou l'honneur ; d'autres transmettent les malédictions, la honte, la pauvreté, les conflits ou la sorcellerie. Mais le plus grand héritage que vous pouvez laisser à votre famille ou votre génération est la crainte de l'Éternel et les valeurs pieuses.

D'après le verset ci-dessus, la sagesse durable commence par la crainte de Dieu. Lorsque vous, en tant que parent, bâtissez votre vie sur cette fondation et que vous la transmettez intentionnellement à vos enfants et aux personnes qui sont sous votre autorité, vous assurez un héritage qui vous rendra impérissable.

La crainte de Dieu est cruciale parce qu'elle guide nos choix, préserve des générations et protège nos familles de la destruction. Si vous êtes un homme ou une femme qui craint Dieu, vous ne vous tromperez pas dans les affaires, vous n'opprimerez pas le faible et vous ne tromperez pas votre conjoint. Pourquoi ? Parce que vous craignez Dieu, vous savez qu'en semant une graine de péché, vous récolterez la catastrophe dans votre famille.

David bénéficia de bénédictions générationnelles grâce à sa marche juste avec Dieu, tandis que la lignée de Saül fut exterminée à cause de la désobéissance et de l'idolâtrie. Même au Cameroun aujourd'hui, la corruption, l'immoralité, la cupidité, la sorcellerie et les conflits détruisent des familles. Jonathan Edward et sa femme vécurent dans la crainte de Dieu ; leur héritage le confirme.

Il est important que vous sachiez ceci : les héritages peuvent être détruits ou construits. Certaines familles héritent de l'alcoolisme, de la malhonnêteté ou de la sorcellerie, mais vous devez transmettre la prière, l'intégrité et le service à votre famille. La crainte de Dieu et la transmission de valeurs pieuses demeurent le chemin le plus sûr vers un héritage durable et béni. Décidez de vivre et d'aimer comme Jésus-Christ.

## 2. Établissez une vision familiale

Chaque famille a besoin d'une direction claire pour prospérer et réussir. Sans la vision, les familles vagabondent et se détruisent facilement par la pression de la vie. Proverbes 29 : 18 déclare :

*« Quand il n'y a pas de révélation, le peuple est sans frein. »*
La vision de votre famille doit établir des objectifs spirituels, moraux et expliquer pourquoi ces valeurs sont importantes. Une telle vision, lorsqu'elle est notée, unira votre famille et créera un but à travers les

générations.

Une vision de famille centrée sur Christ doit être ancrée dans la Parole de Dieu.

*« Moi et ma maison, nous servirons l'Éternel » (Josué 24 : 15).*
Les parents doivent déclarer et incarner cet engagement pour que les enfants sachent où se situe la famille. Une vision doit inclure la prière tous les jours, l'honnêteté dans les affaires, l'éducation pour tous les enfants ou le service pour la communauté. Un homme a dit que sa vision était que tous ses enfants et petits-enfants connaissent Christ personnellement et le servent. Aussi, il s'est engagé à construire une maison à chacun d'entre eux avant qu'ils n'atteignent l'âge de vingt et un ans.

Concrètement, vous pouvez vous asseoir ensemble en tant que famille et écrire vos objectifs. Par exemple : « nous sommes une famille qui craint Dieu, travaille dur, pardonne vite et assiste les nécessiteux. » Affichez cela dans la maison. Relisez cela fréquemment. Cela donne aux enfants une identité et une direction.

Une famille à Bamenda se réunissait chaque premier jour de l'année pour prier, méditer sur le passé et établir des objectifs pour la nouvelle année. Aujourd'hui, leurs enfants qui ont grandi témoignent que ces réunions les avaient gardés unis et disciplinés, même lorsque des opportunités de corruption et d'immoralité s'étaient présentées.

Souvenez-vous que la vision doit être vécue, non pas seulement déclarée. Jésus a dit :

*« Cherchez premièrement le royaume et la justice de Dieu ; et toutes ces choses vous seront données par-dessus » (Matthieu 6 : 33).*

Si vous placez Dieu au centre de la vision de votre famille, vous laisserez derrière vous plus que de la richesse. Vous laisserez derrière vous un héritage béni.

## 3. Mettez votre maison en ordre

Ne laissez pas derrière vous la confusion. Un héritage pieux nécessite que vous organisiez votre maison, vos finances et vos relations avec sagesse. Vivez d'une manière qui reflète l'ordre et non le désordre, pour que vos enfants héritent de la paix et de la stabilité au lieu des conflits et de la honte. 1 Corinthiens 14 : 40 nous rappelle :

*« Mais que tout se fasse avec bienséance et avec ordre. »*

Une démarche pratique est de rédiger un testament. Malheureusement, plusieurs au Cameroun s'opposent à cela, croyant qu'écrire un testament appelle la mort. C'est une tromperie. Écrire un testament n'est pas une malédiction ; c'est de la sagesse. Cela sécurise l'avenir de vos enfants et évite des conflits inutiles. J'ai entendu un oncle dire un jour : « Je ne rédigerai jamais un testament. » Une telle pensée laisse la famille dans le désastre. Dans votre testament, incluez tous vos enfants et confiez-leur des responsabilités avec sagesse. J'ai vu des hommes choisir leurs filles comme héritières, alors que leurs fils étaient vivants, parce qu'ils leur faisaient confiance pour protéger l'honneur familial. Ne confiez pas votre héritage à un irresponsable.

Je connais une famille à Yaoundé qui a placé plusieurs hectares de terrain à Etoudi au nom d'un frère qu'ils n'avaient rencontré qu'à l'église. Ils n'avaient aucun lien de parenté avec lui. Aujourd'hui, il signe en tant que propriétaire foncier chaque fois qu'une parcelle de terre est vendue. Cela s'est produit parce que c'était le seul moyen de mettre de l'ordre dans leur maison.

Si vous le pouvez, remboursez vos dettes. Ne laissez pas vos enfants dans l'embarras avec les créanciers. Réglez les conflits tandis que vous êtes en vie. Le roi David en a été un exemple ; avant sa mort, il prépara sa maison et dédia sa fortune au temple de Dieu (1 Chroniques 29). Son successeur, Salomon, devint l'homme le plus riche de la terre.

Comme David, impliquez Dieu dans votre testament. Attribuez de l'argent, un terrain ou une maison à l'œuvre de Dieu. Pendant que j'écrivais ce chapitre, j'ai reçu un appel d'une personne qui voulait offrir une parcelle de terre pour l'œuvre de Dieu. Il a dit : « quelque chose doit être bâti pour Dieu sur mon terrain. » Que tes sacrifices à Dieu posent une fondation de prospérité pour votre famille.

Sans l'ordre, votre famille ne peut pas prospérer. Un héritage d'ordre est un héritage de bénédiction.

## 4. Développez les dons familiaux

Chaque famille a des talents et des appels divins et une partie de l'héritage durable consiste à les découvrir, les nourrir et les transmettre. Ces dons peuvent être sur les plans académique, artistique, spirituel ou liés au leadership. Toutefois, ils doivent être cultivés et utilisés pour la gloire de Dieu. Romains 12 : 6 nous rappelle :

> *« Puisque nous avons des dons différents, selon la grâce qui nous a été accordée. »*

Je connais un homme qui était un artisan doué. À sa mort, aucun de ses enfants n'hérita de sa boutique. Elle fut fermée et ses enfants se dispersèrent, à la recherche de petits emplois. Quel dommage que l'héritage soit perdu ! D'un autre côté, j'ai regardé un jour un père américain apprendre à son fils de quatre ans comment dresser des crocodiles. Ce garçon représentait la troisième génération dans l'entreprise familiale et les gens venaient de loin pour visiter leur parc à crocodiles. Dans un autre cas, un maquilleur hollywoodien des années 1920 a impliqué ses enfants dans son travail. Aujourd'hui, après plus de cent ans, ils ont développé des produits cosmétiques rares qui sont utiles aux riches dans le monde entier. Ces familles bâtissent des patrimoines en transmettant leurs commerces.

Pourquoi est-ce que, dans notre contexte, plusieurs enfants ne continuent pas avec les entreprises de leurs parents ? Après avoir obtenu leur diplôme d'université, pourquoi ne pas retourner dans l'entreprise familiale et l'élever à un niveau supérieur en appliquant des techniques modernes ? À l'époque biblique, c'était normal. Jésus était appelé charpentier parce que Joseph, son père terrestre, en était un (Marc 6 : 3). Les entreprises, les compétences et les appels étaient transmis.

En tant que parents, nous devons identifier les talents de la famille et les développer chez nos enfants. Après avoir écrit plus de trente livres, j'ai collaboré avec ma fille sur un premier ouvrage, et je suis convaincu qu'elle en écrira plusieurs autres à l'avenir. En développant son don, je sème dans son futur.

Votre famille ne sera jamais dans le manque si vous développez les dons que Dieu a déjà plantés en vous.

## 5. Donnez une place à Dieu dans les évènements marquants de la

**famille**

Chaque évènement marquant de la famille : les anniversaires, les cérémonies de mariage, les obsèques et même la rédaction d'un testament doivent honorer Dieu. Ce ne sont pas simplement des évènements sociaux ; ce sont des opportunités pour attirer les gens à Christ et fortifier la foi et l'unité de la famille. Proverbes 16 : 3 déclare :

> *« Recommande à l'Éternel tes œuvres, Et tes projets réussiront. »*

Malheureusement, de nombreux chrétiens dépensent de manière extravagante pour des célébrations, mais délaissent Dieu. Ce n'est pas ce qui doit être. Chaque fois que vous planifiez une cérémonie, incluez l'Évangile : un budget pour les bibles, les tracts ou la littérature chrétienne. Un couple que je connais commanda des centaines d'exemplaires de notre dévotionnel *Tempête de prière* et plaça un exemplaire sur chaque siège pendant leur cérémonie de mariage. Les invités ne célébrèrent pas seulement le mariage, mais ils rentrèrent également avec de la nourriture spirituelle.

Les évènements marquants de la famille réunissent les proches, les amis et les communautés entières. Ces moments doivent connecter les gens à Dieu. Les obsèques, par exemple, attirent généralement des foules. Pourquoi ne pas les considérer comme des croisades gratuites et prêcher de manière intentionnelle ? J'ai un jour conseillé aux enfants d'un vieil homme généreux, mort récemment, de « bénir leur village » pour honorer sa mémoire. Ils m'ont écouté et ont établi l'électricité dans leur communauté au lieu de gaspiller des millions pour le divertissement. L'une de mes cousines a également appliqué ce principe. Au lieu d'organiser une célébration de deuil massive pour sa grand-mère, elle a construit une école en son nom. L'école porte le nom de sa grand-mère. Aujourd'hui, son nom vit encore grâce aux enfants qui fréquentent chaque jour cette école. Voilà un hommage durable.

Profitez de chaque évènement marquant de la famille pour glorifier Dieu et solidifier les relations. Que vos fêtes ne soient pas simplement dédiées aux gens, mais qu'elles attirent beaucoup de monde vers le Christ. Une famille qui met Dieu au centre de ses évènements importants bâtit un héritage que le temps ne peut pas effacer.

### Comment voulez-vous qu'on se souvienne de vous ?

L'héritage ne se bâtit pas en un jour ; il est le produit de choix quotidiens, de l'obéissance et de la foi en Dieu. Les écritures nous rappellent que tout ce que nous semons aujourd'hui, nous le récolterons demain (Galates 6 : 7). Les vies de Max Jukes et Jonathan Edwards montrent à quel point l'impiété engendre la destruction tandis que la piété produit la bénédiction générationnelle. Un véritable héritage n'est pas simplement de l'argent ou des biens, mais il est spirituel, moral, relationnel, intellectuel, financier, serviable et il crée des valeurs transmises aux générations futures. La question est la suivante : votre vie rapprochera-t-elle votre famille de Dieu ou l'éloignera-t-elle de lui ? Un héritage durable commence par un style de vie intentionnel, centré sur Christ aujourd'hui.

## SUJETS DE PRIÈRE

### *Actions de grâce :*

1. *Père, merci pour le don de la famille et l'opportunité de laisser un héritage pieux, au nom de Jésus.*
2. *Seigneur, je te remercie pour les bénédictions et les exemples des hommes et des femmes justes qui ont façonné des générations, au nom de Jésus.*
3. *Merci pour les graines de foi, d'obéissance et de sacrifice déjà semées dans notre lignée familiale, au nom de Jésus.*
4. *Père, je te remercie, car ta Parole nous assure que les justes laissent un héritage à leurs enfants et à leurs petits-enfants, au nom de Jésus.*

### *Repentance et miséricorde :*

5. *Seigneur, pardonne-nous d'avoir vécu sans souci, sans penser à l'héritage que nous laissons derrière nous, au nom de Jésus.*
6. *Père, aie pitié de nous pour chaque graine impie d'immoralité, de malhonnêteté ou de corruption semée dans notre lignée familiale, au nom de Jésus.*
7. *Seigneur, pardonne-nous d'avoir négligé de transmettre des valeurs et des exemples pieux à nos enfants, au nom de Jésus.*
8. *Père, délivre-nous de l'égoïsme et de la myopie qui pourraient ruiner nos bénédictions générationnelles, au nom de Jésus.*

### *Poser des fondements pieux :*

9. *Seigneur, aide-nous à construire une fondation de justice qui nous survivra, au nom de Jésus.*

10. *Père, que la crainte de Dieu gouverne chaque décision dans notre foyer, au nom de Jésus.*
11. *Seigneur, aide-nous à semer quotidiennement des graines d'amour, d'obéissance et de service qui porteront leurs fruits pour les générations futures, au nom de Jésus.*
12. *Père, que chaque choix que nous faisons aujourd'hui construise un héritage durable de bénédiction, au nom de Jésus.*
13. *Seigneur, établis le Christ comme le fondement sûr de notre famille, au nom de Jésus.*

**Valeurs pieuses et vision familiale :**

14. *Seigneur, aide-nous à élever nos enfants dans la crainte et la connaissance de Dieu, au nom de Jésus.*
15. *Père, que les valeurs de vérité, d'intégrité et de justice soient l'héritage de notre famille, au nom de Jésus.*
16. *Seigneur, donne-nous la sagesse d'établir une vision familiale qui t'honore, au nom de Jésus.*
17. *Père, unis-nous autour d'un objectif commun qui est de te servir en tant que famille, au nom de Jésus.*
18. *Seigneur, que notre vision familiale soit transmise fidèlement de génération en génération, au nom de Jésus.*
19. *Père, que chaque membre de notre foyer vive pour te glorifier et renforcer le témoignage de notre famille, au nom de Jésus.*

**Développer les dons et les compétences :**

20. *Père, ouvre nos yeux pour découvrir et développer les dons que tu as donnés à notre famille, au nom de Jésus.*
21. *Seigneur, que chaque talent et chaque capacité dans notre foyer soient cultivés pour ta gloire, au nom de Jésus.*
22. *Père, aide-nous à transmettre la sagesse, la connaissance et les compétences à la génération suivante, au nom de Jésus.*
23. *Seigneur, que les dons et les métiers de notre famille ne disparaissent jamais, mais se multiplient pour avoir un impact, au nom de Jésus.*

**Ordre et intendance :**

24. *Père, donne-nous la sagesse de mettre de l'ordre dans notre maison pour le bien des générations futures, au nom de Jésus.*
25. *Seigneur, aide-nous à être de fidèles intendants de nos finances, de nos biens et de nos ressources, au nom de Jésus.*

26. *Père, que notre héritage apporte la paix et non des conflits entre nos enfants, au nom de Jésus.*
27. *Seigneur, aide-nous à prendre des dispositions qui assurent la stabilité et la continuité de notre famille, au nom de Jésus.*

**Les étapes importantes de la famille comme fondements spirituels :**
28. *Seigneur, que chaque étape importante de la famille — anniversaires, mariages, funérailles — apporte la gloire à ton nom, au nom de Jésus.*
29. *Père, que nos célébrations sèment toujours des graines de foi dans la vie de nos proches et de nos invités, au nom de Jésus.*
30. *Seigneur, aide-nous à utiliser chaque rassemblement comme une occasion de renforcer l'unité familiale et de témoigner du Christ, au nom de Jésus.*

**Une vision de l'éternité :**
31. *Père, aide notre famille à vivre chaque jour en gardant à l'esprit l'éternité, en faisant des choix qui te glorifient, au nom de Jésus.*
32. *Seigneur, fixe nos yeux non pas sur les biens terrestres, mais sur l'héritage éternel que tu as préparé pour nous, au nom de Jésus.*
33. *Père, aligne la vision de notre famille sur le dessein céleste afin que notre héritage perdure au-delà de ce monde, au nom de Jésus.*
34. *Seigneur, rappelle-nous que nous sommes des pèlerins sur terre et donne-nous la grâce de vivre en fidèles intendants jusqu'à la fin, au nom de Jésus.*
35. *Père, prépare-nous en tant que famille à hériter de la vie éternelle et à régner avec Christ pour toujours, au nom de Jésus.*

**Bénédictions prophétiques sur la famille :**
36. *Père, bénis les mariages dans notre famille avec l'amour, l'unité et la fidélité, au nom de Jésus.*
37. *Seigneur, accorde à nos fils et à nos filles des conjoints pieux et que leurs unions glorifient ton nom, au nom de Jésus.*
38. *Père, ouvre les portes d'un emploi rémunérateur et d'une promotion professionnelle à tous les demandeurs d'emploi dans notre famille, au nom de Jésus.*
39. *Seigneur, bénis le travail de nos mains et fais-nous exceller dans nos carrières et nos entreprises, au nom de Jésus.*
40. *Père, accorde la santé et la force divines à chaque membre de notre famille, au nom de Jésus.*

41. *Seigneur, guéris toutes les maladies et tous les maux dans notre foyer et rétablis-nous dans notre intégrité, au nom de Jésus.*
42. *Père, ouvre les portes de la faveur, des opportunités et des percées pour notre famille, au nom de Jésus.*
43. *Seigneur, que chaque porte fermée à notre progrès s'ouvre par intervention divine, au nom de Jésus.*
44. *Père, que les cieux au-dessus de notre famille restent ouverts aux bénédictions, à la provision et aux prières exaucées, au nom de Jésus.*
45. *Seigneur, déverse des pluies d'abondance et de visites divines sur notre foyer, au nom de Jésus.*
46. *Père, élève des hommes et des femmes de prière, de puissance et d'influence parmi notre famille pour te servir fidèlement, au nom de Jésus.*
47. *Seigneur, oins nos enfants pour qu'ils deviennent des prédicateurs, des missionnaires et des leaders dans ton royaume, au nom de Jésus.*
48. *Père, bénis le ministère de notre famille et fais de nous des instruments de transformation pour notre communauté et notre nation, au nom de Jésus.*
49. *Seigneur, comble nos parents d'une longue vie, d'une bonne santé et de paix dans leur vieillesse, au nom de Jésus.*
50. *Père, fais prospérer tous les projets que notre famille entreprend et affermis le travail de nos mains, au nom de Jésus.*

# Conclusion

Je me joins à vous pour louer le Seigneur Dieu tout-puissant de vous avoir accompagnés tout au long de ce puissant voyage de prière de trente jours. Je sais que le Seigneur vous a comblés de ses bénédictions. Il veut vous utiliser comme instruments de réveil et de restauration dans votre famille, votre Église, votre communauté et les nations. Donnez-vous entièrement à lui.

Je vous conseille de protéger avec soin l'huile précieuse que Dieu a répandue sur votre vie. Éloignez-vous du péché, devenez un lecteur avide, méditez quotidiennement la Parole vivante, partagez la Bonne Nouvelle avec les autres, devenez un distributeur des bénédictions de Dieu, pratiquez le jeûne et restez conscient du ciel.

Vos vêtements seront toujours blancs et votre tête ne manquera jamais d'huile, au nom de Jésus (Ecclésiaste 9:8).

*Partagez vos témoignages avec nous via WhatsApp : (+237) 681.722.404*

### LE PROJET DE LA MAISON DE LA RESTAURATION

La construction de la Maison de la Restauration est en cours. Elle est située à Tsinga village, près du stade Olembe à Yaoundé, au Cameroun, le long de la route menant à Soa.

Ce complexe moderne comprendra un auditorium de 1 200 places, des bureaux administratifs, un centre multimédia, une maison d'édition et un espace d'accueil. Il est conçu pour servir de siège au Réseau chrétien de restauration (RCR) – un centre de prière et d'intercession, de formation de disciples, de développement du leadership, de coaching ministériel et d'initiatives humanitaires du RCR.

1) **Rejoignez-nous dès aujourd'hui** dans nos efforts pour réaliser ce rêve pour le Royaume de Dieu. Pour devenir partenaire,

appelez-le (+237) 674.495.895/ 699.902.618 ou envoyez un message WhatsApp au 674.495.895.

2) **Envoyez vos dons à :**
ECOBANK N° de compte : 0040812604565101
ORANGE MONEY : 696.565.864
MTN MOBILE MONEY : 652.382.693

# Notes de fin

¹https://www.christianity.com/wiki/bible/what-is-a-covenant-biblical-meaning-and-importance-today.html (consulté le 14 juin 2025).

²Barna Group, *Parents and Pastors : Partners in Gen Z Discipleship* (Ventura, CA : Barna Group, 2022), https://www.barna.com/research/parents-and-pastors-partners-in-gen-z-discipleship/ (consulté en juin 2025).

³*« An Amazing Secret to Marriage Success, »* Encompass Connection Center, https://www.encompasscc.org/blog/an-amazing-secret-to-marriage-success (consulté le 11 août 2025).

⁴Barna Group, *How Teens Around the World View the Bible*, The Open Generation (Ventura, CA: Barna Group, 2022), *https://www.barna.com/research/open-generation-perceptions* (consulté le 11 août 2025).

⁵https://www.google.com/search?q=statistics+on+the+probability+of+children+of+those+who+follow+Jesus+Christ+sincerely+ending+up+as+genuine+believers (consulté le 23 juillet 2025).

⁶https://www.google.com/search?q=statistics+of+childrne+of+parents+who+are+in+Church+but+not+committed+to+the+faith+becoming+genuine+believers (consulté le 23 juillet 2025).

⁷ExploringJudaism.org. *Jewish Obligations of Parents to Children.* https://www.exploringjudaism.org/learning/jewish-obligations-of-parents-to-children (consulté le 20 juillet 2025).

⁸habad.org. *Teaching Children Responsibility.* https://www.chabad.org/library/article_cdo/aid/745470/jewish/Teaching-Children-Responsibility.htm (consulté le 25 juin 2025).

⁹Kaiser Jr., Walter C., *The Old Testament Documents: Are They Reliable and Relevant?*, Zondervan, 2001.

# Publications par le Réseau Chrétien de Restauration

1. Faire la différence par le feu
2. Jésus notre jubilé
3. Le choix d'un ami
4. Le pouvoir doit changer de camp Tome 1 : Traiter avec les mauvaises fondations
5. Le pouvoir doit changer de camp Tome 2 : Poursuis, dépasse et récupère tout
6. Le pouvoir doit changer de camp Tome 3 : Jésus-Christ doit régner
7. Le pouvoir doit changer de camp Tome 4 : Lève-toi et brille
8. Le pouvoir doit changer de camp Tome 5 : La restauration des familles 1
9. Le pouvoir doit changer de camp Tome 6 : La restauration des familles 2
10. Le pouvoir doit changer de camp Tome 7 : Bâtis un autel
11. Le pouvoir doit changer de camp Tome 8 : Commander la victoire totale
12. Le pouvoir doit changer de camp Tome 9 : Jouir de votre liberté en Christ
13. Le pouvoir doit changer de camp Tome 10 : Percée surnaturelle
14. Festival de feu séries no. 1 : Que le feu descende
15. Festival de feu séries no. 2 : Vases oints
16. Festival de feu séries no. 3 : Agent de Dieu pour le réveil
17. Festival de feu séries no. 4 : Bâtir les autels de restauration
18. Festival de feu séries no. 5 : Les fondements d'une famille bénie
19. Inébranlable
20. Domination
21. Débordement Divin
22. Des sommets plus élevés
23. Arrêter les destructeurs de la famille 1
24. Arrêter les destructeurs de la famille 2
25. Les Chrétiens et la politique

26. Lie l'homme fort
27. Prier comme Jésus
28. Restaurer les fondations brisées
29. Tempête de prière : guide de prière quotidienne
30. Ton moment d'expansion divin
31. Une délivrance personnelle et familiale pour toi
32. Une vie de prière dynamique
33. Une vie généreuse
34. Vaincre le géant appelé pauvreté
35. Restauration par le feu
36. Détox Divine : La méthode de Dieu pour purifier, guérir et renouveler votre corps

NB. Nos parutions sont en Anglais et en Français.

*Pour commander vos exemplaires, contacter nos librairies locales ou adressez votre requête à :*

### L'équipe de Tempête de prière
BP : 5018 Nkwen, Bamenda
Tel.: (237) 677.436.964 ou 679.465.717 ou 675.686.005
crnprayerstorm@gmail.com

*NB: Tous nos livres sont disponibles en version papier et en version numérique.*

### Boutique en ligne de Tempête de prière :
Vous pouvez facilement obtenir la version électronique de ce livre et des autres publications du Réseau chrétien de restauration via www.amazon.com ou www.christianrestorationnetwork.org/our-bookstore.
https://goo.gl/ktf3rT
Vos paiements peuvent se faire par MTN ou Orange Mobile Money (pour ceux qui sont au Cameroun) et par porte-monnaie électronique (pour ceux qui sont à l'étranger).
Contact : (237) 679.465.717 ou
prayerstorm@christianrestorationnetwork.org

www.ingramcontent.com/pod-product-compliance
Lightning Source LLC
Chambersburg PA
CBHW050146170426
**43197CB00011B/1981**